商标，可不是小事

朱健 著

清华大学出版社
北京

图书在版编目(CIP)数据

商标，可不是小事/朱健著. —北京：清华大学出版社，2018 (2021.11重印)
ISBN 978-7-302-50939-4

Ⅰ. ①商… Ⅱ. ①朱… Ⅲ. ①商标—基本知识 Ⅳ. ①F760.5

中国版本图书馆 CIP 数据核字(2018)第 185348 号

责任编辑：刘　洋　顾　强
封面设计：汉风唐韵
责任校对：王荣静
责任印制：曹婉颖

出版发行：清华大学出版社
网　　址：http://www.tup.com.cn，http://www.wqbook.com
地　　址：北京清华大学学研大厦 A 座　　邮　　编：100084
社 总 机：010-62770175　　邮　　购：010-62786544
投稿与读者服务：010-62776969，c-service@tup.tsinghua.edu.cn
质量反馈：010-62772015，zhiliang@tup.tsinghua.edu.cn
印 装 者：三河市铭诚印务有限公司
经　　销：全国新华书店
开　　本：148mm×210mm　　印　　张：8.375　　字　　数：139 千字
版　　次：2018 年 9 月第 1 版　　印　　次：2021 年11月第6次印刷
定　　价：49.00 元

产品编号：079797-01

推荐语

和朱律师相识十几年的时间了，他的睿智和服务客户的精神给我留下了很深的印象，很高兴他能够以书稿的方式和读者分享他多年来在商标领域的执业经验，希望读者朋友能够有所收获。

——德国知识产权博士、知名知识产权律师　谯荣德

曾经多次与朱律师一起探讨中美知识产权保护制度的差异，也曾在多件知识产权案件中和朱律师合作，他在知识产权领域中有相当好的国际视野。

——美国知识产权律师、IV知识产权顾问　Robert

遇上朱律师是我们的荣幸，邀请他来我们论坛做过一次跨境电商的知识产权演讲，案例随口道来，幽默风趣。

——跨境电商知名媒体　雨果网CEO　翁耀雄

经常和朱律师一起探讨知识产权法律问题，在专业造诣上我是他的忠实粉丝，这次他能抽出这么多时间为企业家写一本通俗读物，实在是令我敬佩。

——上海新诤信知识产权服务有限公司 CEO、湖畔大学第一期学员 孙凯

通俗、专业，读来朗朗上口，我一口气读了两遍，虽然已经有了十几年的律师执业经验，仍然收获很大，强烈推荐企业老板好好读一下。

——美国知名律师事务所资深知识产权律师 Lawson

朱律师帮我们成功打赢了一个本来毫无胜算的商标侵权案件，他经验丰富，在商标法领域积累了非常深厚的法律功底。

——韩国知名餐饮集团元奶奶公司法务总裁 金东真

在朱律师领导下的北京冠和权律师事务所为众多在华韩国企业提供了高质量的知识产权咨询服务，相信本书的出版可以帮助韩国企业更好地理解和运用商标保护战略。

——前韩国专利代理人协会秘书长 许在官

前言

商标是指企业名称、商号或logo吗?

商标注册需要多长时间?

我们已经在某些产品上注册了商标,可以在其他产品上使用吗?

可以在一个商标注册中既包括我们公司的商标也包括logo及企业口号吗?

注册商标之后,发现别人在我们之前就已经使用这个商标,该怎么办?

必须聘请商标代理公司帮我们注册商标吗? 可以DIY吗?

可以将我们的域名或网址注册为商标吗?

可以将一家已经不再运营的公司的商标注册为自己的商标吗？

如果在别人注册的商标上加上自己的logo，是不是就可以注册为新的商标了？

怎么注册国际商标？

……

作为一名知识产权律师，笔者经常听到上述咨询。

商标对于企业而言，意味着品牌建立的第一步。如果制定适合企业发展并有利于品牌的商标保护策略，对于企业的长期发展是很有利的。否则一旦发生商标问题，后果往往不堪设想。

苹果公司的旗舰产品之一——iPad，当年在初入中国市场的时候，就因为商标的问题让苹果公司大费周章，最后不得不高价买单。这个案例引发轰动的原因在于——人们心目中那个高大上，无所不能的苹果竟然也有出错的时候。事情起于遥远的2001年，中国台湾唯冠在多个国家和地区注册了iPad商标，唯冠国际旗下深圳唯冠科技公司则随后单独注册了中国大陆地区的iPad商标，这就为之后的事件埋下了隐患。2009年12月23日，唯冠国际CEO和主席杨荣山授权麦世宏签署了相关协议，将10个商标的全部权益转让给英国IP

申请发展有限公司，其中包括中国大陆的商标转让协议。协议签署之后，英国 IP 公司向唯冠台北公司支付了 3.5 万英镑购买所有的 iPad 商标，然后英国 IP 公司以 10 万英镑的价格，将上述 10 个 iPad 商标所有权转让给了“苹果”。2012 年 2 月 22 日消息，iPad 商标权侵权案上海听证会结束，唯冠要求苹果上海贸易有限公司停止销售。原告唯冠方面的诉求包括：要苹果停止销售带有 iPad 商标的产品，拆除店面的相关标识，销毁相关宣传品并在媒体上刊文消除影响，赔偿诉讼费用 1 万元，等等。2014 年 7 月 2 日消息，据广东省高级人民法院官方透露，苹果公司与深圳唯冠就 iPad 商标案达成和解，苹果公司向深圳唯冠公司支付 6 000 万美元，而此前向中国台湾唯冠打包购买时才不到 6 万美元，前者竟是后者的 1 000 倍！

“80 后”小伙状告《非诚勿扰》节目商标侵权案历经三年终于尘埃落定，江苏广播电视总台被判立即停止使用《非诚勿扰》节目名称。有人认为江苏卫视自身版权意识不强，活该阴沟里翻了船，有人质疑状告江苏卫视的温州人金阿欢，认为法律保护了这位“文化流氓”。谁是谁非，一言难尽。

嘀嘀打车可以说率先掀起了一场出租车业的革命，可没想到有家杭州企业早就注册了“嘀嘀”商标，并以此起诉嘀嘀打车，还开出了 8 800 万元的天价赔偿。嘀嘀打车这边积极应战，可是对方死咬不放。但奇妙的事情发生了，嘀嘀打车 CEO 程维发现高达六成的用户经常把嘀嘀打车输成滴滴打车，甚至许多媒体记者朋友也老是输错。于是乎，改名，嘀嘀打车变身滴滴打车。

企业家真是不易，一方面要建立品牌，运营好公司，另一方面还要防范商标被抢。

本书的读者对象正是这些企业家朋友，希望通过这么一本薄薄的书，让他们在旅途中花费几个小时的时间就可以了解涉及商标的所有法律问题，做到心中有数。

朱　健

2018 年于北京市东城区

目录

第一章　最常咨询的10个商标问题

作为一名知识产权律师，笔者经常会被咨询一些商标问题，为了提高读者的读书效率，特列出最常见的10个问题。

在本书的开头，笔者简单介绍一下涉及商标的两个最重要的基本概念：

(1)“商品”和“服务”：商标需要分别针对商品和/或服务进行注册，举例说明，汽车属于商品，而汽车销售或汽车租赁则属于服务。

(2) 商品或服务的“类别”：商标需要针对具体的商品或服务的类别进行注册，根据国际商标分类表，一共有45个类别，但是对于中小型企业而言，考虑到维护成本，并不需要在每个类别上进行注册，挑选几个当前或未来几年与业务相关的类别注册商标即可。

需要提醒读者注意的是，在本书中，除非另有说明，“商品”可以指商品或服务。

第一问　商标是指企业名称、商号或 logo 吗？

这个问题需要视具体情况而定。如果将企业名称、商号或 logo 注册为商标，则商标和企业名称、商号或 logo 便是一致的。但是笔者不建议这样做，原因是审核的国家机构和审查标准完全不同，这样做会存在一定的风险。

企业名称由各地工商局进行审核，并且不同的地区可以使用相同的企业名称，而商号是企业名称中的主要识别部分，logo 则不需要审核。

商标则是由国家商标局进行审查，全国范围内具有唯一性，难度较大，对于产品或服务的识别作用较大，对于品牌建设的影响较大。

如果简单地将企业名称、商号或 logo 注册为商标，可能导致商标无法注册，即使能够注册，可能也无法阻止竞争对手使用该商标，导致品牌作用较弱。

第二问　商标注册需要多长时间？

一般来说，在国内需要大约一年的时间才能够拿到商标注册证。国外的情况也差不多，在美国，则需要 12 个月到 18

个月的时间。

第三问　注册商标之后可以在其他类别的商品或服务上使用吗？

使用是可以的，但是在其他产品上使用的商标属于未注册商标，保护力度较弱并且受到众多的限制。我们还是建议在所有使用或即将使用的产品上进行商标注册。

第四问　注册商标中可以包括 logo 及企业口号吗？

完全可以。如图 1-1 和图 1-2 所示：

图 1-1　土豆网商标

图 1-2　YouTube 网商标

但是，如果以后可能会分开使用商标中的元素，则建议分别对这些元素进行商标注册，以便最大范围地实现商标保护。

第五问　注册商标后，发现别人早已使用，怎么办？

一般来说，由于你注册在先，所以商标权属于你所有。但是，如果在先使用的商标已经达到一定的知名度并且有证据证明你有恶意抢注商标的动机，那你的商标也可能会宣告无效或被撤销。

当然，在先的商标使用者可以继续在原使用范围内使用该商标，并不构成侵权。

第六问　需要聘请商标代理机构注册商标吗？可以 DIY 吗？

你完全可以自行完成商标注册。商标注册的表格填写相对简单，DIY 是完全可行的。事实上，很多企业不但自行完成国内商标的注册，对于美国的商标注册也是自己完成的。

但是，如果你需要事先进行检索以评估商标注册的风险，仍然建议聘请专业的知识产权律师帮你完成。事实上，商标申请的代理费是相当便宜的，一般来说，国内商标的注册费用是人民币 1 000 多元，美国和欧洲的商标注册费用也都在 1 万元以内。

第七问　可以将域名或网址注册为商标吗？

完全可以。但是需要你们企业切实地在自己的产品或服务上进行标识，否则意义便不大了。

随着互联网企业的兴起，越来越多的互联网公司将网址放在商标图案上，如图 1-3 所示。

图 1-3　京东网商标

第八问　可以将不再运营的其他企业的商标注册为自己的商标吗？

不建议你这样做。即使之前的商标所有人已经不在运营，但仍有可能已经许可给其他企业使用或者已经转让给别人。另外，如果商标图案具有一定的独创性，这样的图案仍然受到著作权保护。

第九问　在别人的商标上加上我们的 logo，能否注册为新的商标？

这样做是不可以的。根据笔者的经验，只要你新注册的商标中具有与之前商标相同的元素，商标被驳回的概率就会比较大。

第十问　国际商标该怎么注册?

事实上,没有“国际商标”这种形式的商标注册。由于涉及各个国家的不同法律制度,一般来说,每个国家的商标注册是需要分别进行的。当然,一些国家群体签署了一些国际协议以方便商标申请人遵循同一程序实现多个国家的商标注册。

比较常用的是“马德里协定”,包括近 100 个国家,但仍然有很多主流国家没有加入这个协议。

另外,可以在欧盟提交一个商标注册申请以实现多个国家的注册。

第二章　经营公司必须要了解的商标常识

第一节　“强商标”和“弱商标”

商标的基本功能是识别产品或服务的来源，使消费者看到商标就能识别出这是由哪家公司制造的。基于这个理论，商标的保护力度大小取决于商标的显著性是否足够大。显著性很好理解，其实就是指商标的可识别性，也就是独创性，与其他商标的与众不同之处。根据商标保护力度的大小，商标可分为“强商标”和“弱商标”。商标的强弱实际上就是显著性的强弱。

强商标就是指完全自创并且本身没有含义的词，如“海尔”“柯达”，这样的商标由于与其他商标的区分效果明显，所以商标法也赋予了这样的商标最强的保护力度。

这样就很容易理解“弱商标”了。弱商标就是指构成商标的符号要素为普通有含义的词，或者由某类商品上常见图形或由自然界动物的常见形态组成。例如，用在葡萄酒上的商标“长城”。为了对这个弱商标进行维权，中粮集团注册了“长城”“华夏长城”等一系列的商标，但是仍然遭遇大量的商标傍名牌事件，维权之路漫漫，实属不易。反观“海尔”和“柯达”，我们好像并未听说过维权的事情，毕竟对这两个商标而言，法院是很容易认定是否构成商标侵权。

不能抽象地判断某一标志是否具备显著性，而应该考虑其拟附着之商品或服务。标志所具有的观念或含义与标记对象即商品或服务不能有直接的相关性，或者只有很小的、间接的关联。同时，判断某一标志是否具有显著性的主体并非商标局的审查员或审理商标案件的法官，而是相关市场上的“普通消费者”。

普通消费者在日常购物时将某一标志认同为商标，该标志就具备显著性，普通消费者通常将商标标志作为一个整体看待而不会审视标志的细部，普通消费者拥有合理的相关知识并具备合理的谨慎程度，而且其注意程度将随商品或者服务种类的不同而不同。作为商品经济发展的产物，商标制度完全取决于具体的市场——商标使用的背景决定一切。

在实践中，常常会产生这样的误解：认为竞争者没有使用的词汇具有显著性，而竞争企业频频使用的词则不可能具有显著性。虽然这可以作为一种简单的判断方式，但实际情形却并非如此。是否具有显著性仍应该回归到商标的本源，即用于区别不同来源的商品。

除了像“海尔”“柯达”这些本身没有含义的词可以用作强商标，一些本身有含义但与商品本身没有联系的词也可以用作强商标，如我们熟悉的“苹果”和“雅虎”，苹果本身是一种水果，但用在电子产品上便具有了较强的显著性。雅虎本指人形兽，后指有野兽习性的可恶的人、人面兽心的人，但用在互联网搜索上便具显著性。

显著性对商标的重要性，好比新颖性、创造性对专利的重要性。（注：对专利的新颖性和创造性有兴趣的读者，可参见清华大学出版社出版的笔者的另一本专著——《2 小时玩转专利》）

那么，什么样的商标才是完全没有显著性的商标呢？下面举两种最典型的不具备显著性的商标类型：

1. 仅有商品的通用名称、图形、型号的

这里的通用名称、图形、型号，是指国家标准、行业标准规定的或者约定俗成的名称、图形、型号，其中名称包括全称、简称、缩写、俗称。

例如：在香水上使用商标“香水”，在服装上使用商标“XXL”，这些商标均不具有显著性，不能注册为商标。

2. 仅仅直接表示商品的质量、主要原料、功能、用途、重量、数量及其他特点的

这里的“仅仅直接表示”是指商标仅由对指定使用商品的质量、主要原料、功能、用途、重量、数量及其他特点具有直接说明性和描述性的标志构成。如图 2-1 所示：

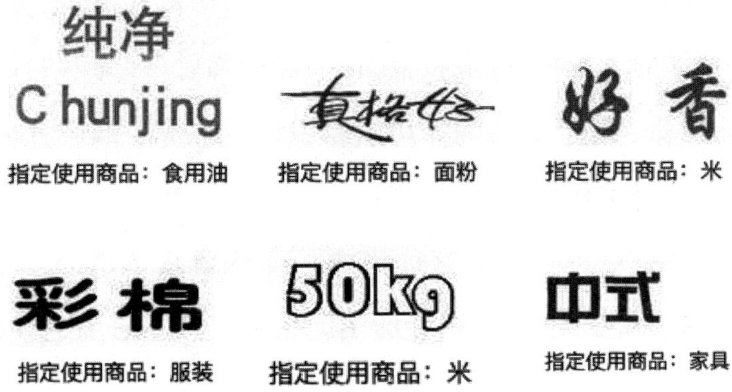

图 2-1　没有显著性的商标示例

除此以外，符合以下情形的商标也是缺乏显著性的：

① 过于简单的线条、普通几何图形；

② 过于复杂的文字、图形、数字、字母或上述要素的组合；

③ 一个或者两个普通表现形式的字母；

④ 单一颜色；

⑤ 非独创的表示商品或者服务特点的短语或者句子；

⑥ 本行业或者相关行业常用的贸易场所名称；

⑦ 本行业或者相关行业通用的商贸用语或者标志；

⑧ 企业的组织形式、本行业名称或者简称。

但是，什么事情都不是绝对的，上述商标虽然没有办法完成注册，如果经过若干年的使用，已经让消费者看到商标就知道商品的生产厂家，也就是具备了识别来源的功能，就可以进行商标注册了。例如“五粮液”白酒、“两面针”牙膏和“青岛啤酒”。但是，笔者认为，除了历史原因已经形成了品牌效应，新注册商标时不建议这么做。

笔者特地将一种最有价值的强商标留在了最后：“暗示性商标”。对于企业而言，它的实际效果要强于之前的任何一种强商标，它并不违反商标的基本规定，但又对商品的功能进行了广告宣传，同时还属于强商标，真是好处全沾上了。例如，用于饮料上的商标“健力宝”，这三个字本身是有含义的，但是又没有构成对饮料本身的描述，仅具有暗示“有利于健康”的含义，所以本身的营销意义十足，又不会被商标局或法院认定为不具有显著性，这样的商标含金量最大。

我们所有企业应当将“暗示性商标”作为我们寻找商标的目标。

第二节 商标归谁？谁先注册就归谁！

商标归属问题比较复杂，但有一条基本的原则：申请在先原则，也就是说，谁先注册商标，原则上就归谁。有个补充原则：如果是同一天向商标管理部门提出商标注册申请，则受理最先使用商标申请人的注册申请。

在实践中，对申请在先原则也有一些特殊的规定，其中包括：

（1）申请在先原则所指的申请日期，是指当事人向商标管理部门提交有关申请文件的日期。

（2）如果两个或两个以上的申请人，在同一种商品或类似商品或服务上，分别以相同或者近似的商标在同一天申请注册的，且同时使用或者均未使用的，各申请人可以在商标管理部门指定的期限内进行协商，如不愿协商或协商不成时，商标管理部门将通过各申请人抽签的方式确定一个申请人，驳回其他人的注册申请。

（3）如果各申请人是同一天申请，但某一申请人享有申请日优先权的，应将申请人享有优先权的日期视为申请日。优先权主要指以下两种情况：

① 在国外首次申请的商标在我国申请时，享有优先权。

如果申请人就某一商标已在外国首次提出商标注册申请，且在六个月内，申请人就该商标在国内提出商标注册申请的，按照该申请国同我国签订的协议或者共同参加的国际条约，或者按照相互承认优先权的原则，可以将申请人在外国提出商标注册申请的日期，视为申请人向中国商标局提出商标注册申请的日期。

② 在国际展览会上首次使用商标时，享有优先权。

如果申请人的商标在我国政府主办或者承认的国际展览会展出商品上首次使用该商标，且在六个月内，申请人就该商标在国内提出商标注册申请的，可以将申请人在国际展览会上展出的日期，视为申请人向我国商标管理部门提出商标注册申请的日期。

第三节　注册商标是否一定比未注册商标更强？

未必！

在中国，除了人用药品、烟草制品、兽药必须使用注册商标外，其他商品既可以使用注册商标，也可以使用未注册商标。

注册商标是指经国家商标主管机关核准注册而使用的商标。未注册商标，是指未经国家商标局核准注册而自行使用的商标。

未注册商标的风险表现在以下几个方面：

(1) 注册商标所有人可以排除他人在同一种商品或类似

商品上注册相同或近似的商标；而未注册商标使用人则无权排除他人在同一种商品或类似商品上注册相同或近似的商标，若其不申请注册，就可能被他人抢先注册，并被禁止继续使用该商标。

（2）当注册商标被他人假冒使用、构成商标侵权，商标权人可以请求非法使用人承担法律责任；而未注册商标使用人对未注册商标的使用只是一种事实，而非一种权利，其无权禁止他人使用，先使用人无权对第三人的使用援引商标法请求法律保护。

（3）在核定使用的商品上使用核准注册的商标，是商标所有人的权利，商标权人行使这些权利，不涉及他人商标专用权的问题；而未注册商标的使用一旦造成与他人的注册商标相混同，就易构成商标侵权，应当承担相应的法律责任。

由于没有经过商标局的核准，所以未注册商标需格外注意不要将以下文字和图形用作商标：

（1）同中华人民共和国的国家名称、国旗、国徽、军旗、勋章相同或者近似的，以及同中央国家机关所在地特定地点的名称或者标志性建筑物的名称、图形相同的；

（2）同外国的国家名称、国旗、国徽、军旗相同或者近似的，但该国政府同意的除外；

（3）同政府间国际组织的名称、旗帜、徽记相同或者近似的，但经该组织同意或者不易误导公众的除外；

（4）与表明实施控制、予以保证的官方标志、检验印记相同或者近似的，但经授权的除外；

（5）同“红十字”“红新月”的名称、标志相同或者近似的；

（6）带有民族歧视性的；

（7）夸大宣传并带有欺骗性的；

（8）有害于社会主义道德风尚或者有其他不良影响的。

县级以上行政区划的地名或者公众知晓的外国地名，不得作为商标。但是，地名具有其他含义或者作为集体商标、证明商标组成部分的除外。

从以上规定来看，未注册商标的保护力度是远不及注册商标的，但在未注册商标已经达到非注册驰名商标时，这个结论便不再成立。

未注册驰名商标是没有注册但达到驰名程度的商标。未注册驰名商标是驰名商标家族中的重要一员，但由于这类商标没有注册，所以未注册驰名商标的保护具有一定的特殊性。近些年来，国家工商行政管理总局商标局、商标评审委员会、人民法院等相继认定了一些未注册驰名商标，例如：

(1) 2004 年国家工商行政管理总局商标局将“小肥羊”未注册商标认定为驰名商标，是我国行政认定未注册驰名商标的较早案例。

(2) 2006 年，“酸酸乳”被再次认定为未注册驰名商标。

保护未注册驰名商标，是我国履行《保护工业产权巴黎公约》等国际公约的义务。

一般来说，未注册驰名商标需要通过使用才能获得很高的市场声誉。通过对未注册商标的长期使用，未注册驰名商标所有人逐渐建立自己产品或服务的信誉，这种信誉承载了未注册驰名商标所有人辛勤劳动与投资，包含了未注册驰名商标商品或服务的较高质量。基于上述认识，未注册驰名商标是在实践中的使用取得了很高的市场信誉和知名度。

未注册商标驰名商标受到法律保护，事实上是受到了《反不正当竞争法》的影响。《反不正当竞争法》规定“擅自使用他人之名商品特有的名称、包装、装潢，或者使用与知名商品近似的名称、包装、装潢，造成和他人的知名商品的特有名称、包装、装潢相混淆，使购买者误认为是知名商品”，构成不正当竞争行为，应承担相应的民事侵权法律责任。上述规定即包含了对未注册驰名商标的保护，因为知名商品的名称、包装、装潢，如果达到“驰名”的程度，实际上就是未注册驰名商标。应当看到，未注册驰名商标和知名商品的特有名称、包装、装潢确实有一定的重合性。

第四节　尽量不要将字号用作商标

很多中小型企业喜欢将企业名称或字号用作商标，事实上，这种做法风险极大。

企业名称以"行政区划＋字号＋行业特征＋组织形式"的形式出现，其核心是"字号"（也叫商号），是受保护的部分，例如"北京易申科技有限公司"，其中"易申"称为字号或商号。

企业名称核准的原则是，本区域内不重名。比如在北京注册了一个字号，在北京的任何其他人都不能再用这个字号注册任何行业的公司，但在北京以外的地区却可以。

公司名称的作用是用于标识一个商业主体，因此，字号只能用于在局部地区作为公司的简称，不能作为产品或服务的代称。因此，所有以公司名称或字号对产品进行宣传的做法都是错误的，是不受法律保护的。商标可以作为产品或服务的代称。公司名称与商标的作用是完全不同的，这一点很多企业往往会忽视。

商标保护的特点是，限产品或服务的类别但不限区域。

比如注册了某个商标，则在全国范围内任何公司都不能在同类产品或服务上使用该商标宣传其产品或服务。但是，其他人仍然可以在其他类别的产品或服务上申请完全相同的商标。

字号和商标的区别：

（1）如上所述，字号仅在注册所在地受保护，全国会有很多相同字号的公司出现，无法唯一标识你的公司。商标则在全国范围内进行保护，具有全国唯一性。建议对产品进行宣传时，不要用字号，而是用商标。

（2）商标的保护级别高于字号，如果他人的商标名与你的字号相同，则你的字号将无法用于你相关产品或服务的宣传，否则就会侵权。

（3）字号仅限自己公司使用，商标可以全国范围授权他人使用。

（4）商标可以用于产品或服务命名，如“×××（商标）手机”。字号无法用于产品命名。如果强行将字号用于产品或服务命名，可能存在侵权或被抢注风险。

（5）商标是形成品牌的前提，没有商标绝不可能成为品牌。

（6）成立公司的同时，一定要注册商标。以商标来宣传公司、宣传产品和服务，则所有的商誉、知名度都可以沉淀在商标上。

(7) 公司字号与商标名称不一定要相同，相同当然也可以。但多数情况下，公司字号与商标名称都是不相同的，特别是当公司要注册多个商标的时候。

笔者在执业过程中，经常会碰到商标权与企业名称权的冲突：

(1) 商标在企业名称中字号化的使用，以及将他人注册在先并享有一定声誉的商品或服务商标中的文字作为企业名称中的字号在工商机关进行登记并使用，这是商标权与字号权的冲突中最主要、最普遍的情形。例如，1993 年北京市王致和腐乳厂诉北京市顺义县致和腐乳厂侵犯商标专用权案，就是在后取得的商号与他人在先取得的商标权发生冲突。现在，由于我国香港公司登记制度和内地法律上的不衔接，有人通过在香港注册成立公司，以总代理、授权生产等形式，将商号突出标注在产品、店面招牌上等，“合法”使用他人注册在先的知名商标。如香港的“伊利集团有限公司”，利用他人的知名商标“伊利”作为自己的商号进行商业活动，在商品中将商号“伊利”突出使用，误导消费者从而产生混淆。

(2) 企业名称中字号的商标化使用,即将他人在先登记的企业名称中的字号作为商标予以登记注册,从而引起商号权与商标权的权利冲突。例如,1999 年杭州张小泉剪刀厂诉上海张小泉刀剪总店商标侵权案,即为在后取得的商标权与他人在先取得的商号权发生冲突。较商标知名度的创立而言,企业名称中字号创出知名度的机会和难度要大得多,因而在实践中在后取得的商标权与他人在先取得的字号权发生权利冲突的频率要远远小于字号权侵犯商标权的情况。

因此,建议企业不要将字号用作商标,而是要单独制定商标注册及使用的策略。

第五节 商标和版权的组合使用

商标是商品的生产者、经营者在其生产、制造、加工、拣选或者经销的商品上或者服务的提供者在其提供的服务上采用的,用于区别商品或服务来源的,由文字、图形、字母、数字、三维标志、颜色组合,或上述要素的组合,具有显著特征的标志。在商业领域,文字、图形、字母、数字、三维标志和颜色组合,以及上述要素的组合,均可作为商标申请注册。

版权即著作权，是指文学、艺术、科学作品的作者对其作品享有的权利(包括财产权、人身权)。版权是知识产权的一种类型，它是由自然科学、社会科学及文学、音乐、戏剧、绘画、雕塑、摄影和电影摄影等方面的作品著作权组成。

商标和版权作为知识产权的两种类型，有共性也有不同。如果配合使用这两项权利，会有比较好的效果。

申请过商标的读者应该知道，商品有 45 类，如果一个商标在全部商品类别上都进行申请，所需的费用是很大的，如果不在全部类别上进行申请，则别人是可以将完全相同的商标注册在其他类别上的。而版权则与承载作品的商品无关，并且只要保留好原稿，甚至都不用进行登记就可以获得版权的保护，所以利用版权对某项设计进行保护，成本很低。

但是版权的局限性也很明显。首先，简单的几个文字是构不成著作权法意义上的作品的，例如之前提到的“苹果”“海尔”等文字商标由于独创性不够，所以是不构成版权的；对于图形商标而言，受到版权保护也需要具备一定的独创性条件，比较简单的图形是受不到版权保护的。

此外，在著作权受到侵犯时，权利人必须提供自己是著作权人、享有著作权的证据。此时著作权人很难举证自己是作品的创作者或权利继受人，尤其是当一件作品设计的时间较长，或是委托他人设计，或是职务作品的时候，更难以收集原始证据，难以确定著作权人，给权利人主张权利造成极大的困难。版权自愿登记制度就是为了解决上述问题而设置的，如果权利人在作品创作完成后，先进行著作权登记，则在举证的时候，只需要出示登记中心颁发的证书，一般就会得到法院或有关机关的认可。这就大大减轻了权利人的举证责任。著作权登记手续比较简单，费用也比商标注册要便宜得多。

笔者的建议是，对于设计比较精美的图形商标，可以采取以下方式进行组合式保护：

(1) 在企业产品涉及的商标类别上进行商标注册；

(2) 同时将图形设计提交著作权登记。

第六节　商标和专利的组合使用

商标和专利均属于传统意义上的知识产权，都具有地域性，具有严格的领土性，国内的商标和专利在国外均没有效力，需要重新申请。另外，两者均具有时间性，不同之处是商标可以无限期延展，而专利到期之后便成为社会免费技术。

专利有三种类型：发明、实用新型、外观设计。专利由专利局进行审查，而商标由商标局审查。一般来说专利的审查过程相对复杂并且时间更长。

专利和商标的重合之处在于对于标签和三维商标这类产品的保护。在专利法修改之前外观设计专利可以保护图案，所以重要的图形商标一般会同时申请外观设计专利；专利法修改之后，外观设计专利不再保护图案。除了标签产品之外，笔者仍建议对设计相对复杂并且商标图案在产品外观中占比较大的产品设计同时申请商标和专利，从而使保护力度及范围最大。

为了方便读者理解，下面用一件案例谈商标注册权和外观设计专利权的冲突。

2016年，工商局执法人员在日常巡查中发现，位于奉化的某酒水经销商正在销售一种小糊涂酒仙酒，瓶体外包装顶部标有“小糊涂酒仙＋图形”标志，外包装侧面标有“小糊涂酒仙，难得糊涂，雲阁®”等字样。经查，该经销商能够提供“小糊涂酒仙”外观设计专利证（专利号：993366783，专利取得日期1999-10-8，有效期10年）。另查，“小糊涂仙”商标注册号1262087，由广州珠江云峰酒业有限公司于1997年12月10日申请，1999年4月7日获准在第33类商品上注册，核定使用商品包括白酒、葡萄酒、黄酒等，有效期至2019年4月6日；“小糊涂仙＋图形”商标注册号9951514，由广州珠江云峰酒业有限公司于 2011 年 9 月 9 日申请，2013 年 1 月 21 日获准在第 33 类商品上注册，核定使用商品包括米酒、葡萄酒、烧酒等，有效期至 2023 年 1 月 20 日。

此案的焦点在于拥有外观设计专利权的“小糊涂酒仙”是否侵犯了“小糊涂仙”商标权。

第一种意见认为侵权成立。因为白酒包装上“小糊涂酒仙”字样和“小糊涂仙”商标构成近似，顶部“小糊涂酒仙＋图形”与“小糊涂仙＋图形”商标构成近似，虽然小糊涂酒仙曾取得一份外观设计专利许可证，但由于专利取得时间 1999 年 10 月 8 日，晚于商标申请时间 1997 年 12 月 10 日以及商标获准注册时间 1999 年 4 月 7 日，“小糊涂酒仙”侵犯“小糊涂仙”商标专用权无疑。

第二种意见认为侵权不成立。一方面基于市面上多年来广泛流通“小糊涂酒仙”商品的事实，以及网上鲜有“小糊涂仙”告“小糊涂酒仙”侵权的相关案例报道。另一方面该两种商品在市面上流通已有较长时间，至于最初的渊源无法摸清，谁依靠谁上位、谁借助谁出名无法查清，只能判断目前是“小糊涂仙”名气较大，价格稍微高一点，“小糊涂酒仙”有“搭便车”的嫌疑。因此以疑罪从无的判断来说，“小糊涂酒仙”能流通就有它存在的道理，无法认定其侵犯“小糊涂仙”商标。

从这个案件来看，外观设计专利和商标权产生冲突的原因如下：

（1）两者构成上都含有形状和图案等相同因素。首先，当外观设计具有足以区别产品来源的区别性时，毫无疑问可以受到商标法的保护。另外，当商标用于商品上而成为具有美感的新设计时，又可以受到专利法的保护。

（2）商标权和外观设计专利权的法律依据不同。商标法要求商标具备普遍性的显著特征、便于识别，而专利法则要求外观设计专利与以往的设计有明显区别。另外，两项权利的保护期限不同，商标权可以通过申请续展而获得理论上可无限期续展的商标权，而外观设计专利权有时限，如果超过了外观设计专利权保护的期限，该外观设计有可能被专利权以外的其他人申请注册为商标。

（3）两者对应的管理机关和保护机关不统一。商标权的申请、审查和确权由商标局负责，其权利主张和保护由工商局负责；而外观设计专利权的申请、审查和确权由专利局负责，其权利保护也由地方专利局负责。

笔者认为，商标权和专利权冲突的解决途径如下：

（1）如若专利权人将他人已经先行核准的商标文字、图形用来申请外观设计专利，则显然是侵犯了他人在先取得的合法权利（商标权）。此时，商标权人可以向专利复审委员会提出专利无效请求，也可以直接依据商标法向法院提出诉讼。

（2）如果专利权人认为他人的注册商标专用权侵犯了自己的专利权，可以针对商标提出异议或请求宣告商标无效。

第三章　商标、域名和互联网

第一节　域名和商标

在互联网上有千百万台主机，为了区分这些主机，人们给每台主机都分配了专门的地址，称为 IP 地址。例如某个网站主机的 IP 地址是“205.151.23.75”，在浏览器中输入这个 IP 地址，就可以访问这个网站。为了方便记忆，互联网提供了域名。

而商标是商品的生产者、经营者在其生产、制造、加工、拣选或者经销的商品上或者服务的提供者在其提供的服务上采用的，用于区别商品或服务来源的标志。在商业领域，文字、图形、字母、数字、三维标志和颜色组合，以及上述要素的组合，均可作为商标申请注册。

从商业角度来看，域名和商标都属于商业标志，具有识别功能，都蕴含着一定的经济商业价值，并且构成了相互的关联，企业为了使商业标识一体化，往往将自己的商标作为域名的组成部分注册使用。此外，两者均遵循注册制度及在先申请原则。

从法律角度来看，两者有一些不同之处。例如，域名具有唯一性而商标具有多重性；域名具有全球性而商标具有地域性；域名没有相似性限制而商标具有相似性禁止的规定，此外，域名的注册原则和取得途径与商标也是不一样的。

第二节　与商标相同或相似的域名被别人抢先注册，怎么办?

如果符合下列条件，可以通过向域名争议中心进行投诉，拿回本该属于自己的域名：

（1）被投诉的域名与投诉人享有民事权益（例如商标权、版权等）的名称或者标志相同，或者具有足以导致混淆的近似性；

（2）被投诉的域名持有人对域名或者其主要部分不享有合法权益；

（3）被投诉的域名持有人对域名的注册或者使用具有恶意。

上述提到的恶意有以下表现形式：注册或受让域名的目的是向作为民事权益所有人的投诉人或其竞争对手出售、出租或者以其他方式转让该域名，以获取不正当利益；多次将他人享有合法权益的名称或者标志注册为自己的域名，以阻止他人以域名的形式在互联网上使用其享有合法权益的名称或者标志；注册或者受让域名是为了损害投诉人的声誉，破坏投诉人正常的业务活动，或者混淆与投诉人之间的区别，误导公众。

与上述恶意情形相对的，被投诉人在接到争议解决机构送达的投诉书之前具有下列情形之一的，表明其对该域名享有合法权益：被投诉人在提供商品或服务的过程中已善意地使用该域名或与该域名相对应的名称；被投诉人虽未获得商品商标或有关服务商标，但所持有的域名已经获得一定的知名度；被投诉人合理地使用或非商业性地合法使用该域名，不存在为获取商业利益而误导消费者的意图。

第三节　互联网环境下的商标使用

随着电子商务的出现，一些存在了较长时间的“游戏规则”正面临着不得不改革的命运。为适应互联网引发的新形势，商标法的制度安排也出现了一些调整。

但凡互联网上的商标法律问题，均与互联网的特点密不可分：虚拟性、全球性、非集中管理性。虚拟性表现为：主体的虚拟，即网上主体或者根本就不存在，或者以伪装的身份出现；环境的虚拟，即网上的场景是数字化的虚拟空间，并非物理世界的客观存在，其中的天气、产品、山水等无一例外；社会关系的虚拟，无论是网上交友，还是谈判、做生意，在一定程度上能独立于现实世界。此外，正是由于互联网的全球性，没有一个国家可以完全控制网络空间。

对于那些专门的电子商务提供者来讲，在网上使用商标是其商标使用的最主要方式；对于那些在离线状态下提供服务和商品的主体而言，网络上的商标使用仅仅构成商标所有人使用商标的部分证据。

在互联网上巧妙地使用自己的商标，是提高商标知名度的一种有效途径。商标权人除了将自己的商标用于电子商务外，还可将商标用于广告、超链接、搜索关键词和元标记中。例如，商标权人可将自己的商标以超链接的形式在其他网站上做广告。网络用户只要轻轻点击这个商标标记，就会很快进入该商标所属公司的网站或者特定网页。众所周知，网上搜索是互联网提供的一种强大的信息查询功能，其中搜索关键词和搜索结果有着相当密切的联系。因此许多商标所有人会买下与其商标有关的搜索关键词，从而使自己的产品信息能够出现在搜索结果的列表中。再如，元标记是 HT 超文本标志语言中的一种指令，它被当作网站索引使用，以便于网络使用者搜索存有相关资料的网站。商标所有人将其商标作为元标记，可以帮助搜索引擎“扫到”自己的网站，借以增加网站的访问量。

另外，在互联网上使用商标，还可成为商标在使用中获得显著性及认定驰名商标的证据。在我国，“显著性”是商标获准注册的必要条件，而一个商标获得显著性的重要途径之一就是“使用”。

商标权人在互联网环境下的商标使用行为固然是商标使用空间的延伸，是商标权充分实现的一种形式，但非商标权人的网上商标使用行为则带来诸多麻烦。互联网上的商标争议无不发端于五花八门的商标使用行为，这造成互联网环境下发生商标侵权的概率大大增加。

网上商标侵权特点有三：

其一，网上商标侵权简单易行。网络的开放性决定了网络侵权行为的实施简便易行。一方面，由于网络是一个巨大的虚拟空间，行为人在网上可以在任何时间、任何地点运用商标实施侵权和欺诈行为，不会受到太多空间、时间和其他物质条件的限制；另一方面，在技术上，与商标关联的网络侵权行为十分易行。网上到处是五彩缤纷的商标、装潢、商品、包装、招贴等，行为人无须具备高深的计算机理论知识和操作技能，也无须懂得编程等专业技术，只需轻点鼠标，就能实施商标侵权。

其二，网上商标争议的解决，取证困难大，侵权主体难以及时查明。传统的商标侵权行为，一般易识别，也易为被侵权人察觉。传统商标侵权，至少有假冒商标标识，或者假冒商标的商品，或者制假售假的设备、工具等。而网络的流动性和交互性，决定了要确定商标侵权行为人无疑是大海捞针。一则网页不断更新，网上商标使用信息可随时删除，让商标权人无从下手；二则网络空间无限，确定具体的侵权主体实属不易；三则即使确定了侵权人的网页，要搞清楚侵权人的真正身份又是困难重重；四则受“谁主张，谁举证”原则和“取证经济性原则”的限制，司法机关一般不介入民事取证程序。因此，对于商标权人而言，要追究侵权者的责任也要付出更多的代价。

其三，网上商标侵权行为的损害后果更为严重。互联网环境下商标侵权行为的损害后果与传统意义上商标侵权的后果有明显的区别：一则互联网的全球性使网络商标侵权行为的损害范围更广，可以超越国界，跨越行业，产生的不良影响持续时间更长，对商标权人商业信誉的损害后果更加严重；二则网上商标侵权行为的损害后果具有不确定性，具体表现在难以判断传播的范围和难以确定访问（或者接触）侵权信息的人数。

互联网的出现令商标使用得以在二维空间展开。在互联网网页中有大量不同的商标出现，有的可能是域名所有人自己的商标，但更多的则可能是他人的注册商标。特别是在专门从事电子商务的网站，其主页就如一个超级市场，销售的商品或提供的服务很多是使用他人的商标。这些形形色色的网上商标使用行为合理与否的标准是界定网络环境下的“商标使用行为”的关键。

在我国，《商标法》强调，使用注册商标，可以在商品、商品包装、说明书或者其他附着物上标明“注册商标”字样，或者使用其他注册标记，即在商标的右上角使用 TM 或®。我国商标法对注册商标的使用在时间上有一定要求，即如果注册商标连续 3 年停止使用，任何人都可以向商标局申请撤销该注册商标。可见，对于商标权人来讲，商标使用既是其享有的权利也是其承担的义务。

关于商标权保护范围。我国《商标法》第 51 条规定：“注册商标的专用权，以核准注册的商标和核定使用的商品为限。”如此界定商标权的保护范围“有利于执法机关正确划分侵权与非侵权的界限，制裁真正的商标侵权行为，保护注册商标所有人的合法权益。”但随着电子商务的兴起，商标的使用行为脱离了传统的交易方式和市场范围。比如，对于电子商务服务商标而言，如果仍旧局限在分类保护中，加上域名管理上的疏漏，就可能使消费者误认、误购，导致市场秩序混乱。

关于互联网环境下商标侵权行为的认定，商标保护的立足点都是制止混淆。相对于传统商务，电子商务只是改变了一种交易形式。因此无论是传统的商标侵权行为，还是互联网环境下的商标侵权，认定的最主要标准在于是否足以造成消费者的混淆。但是，互联网的无国界性令网上商标侵权的认定和处理步履维艰。在侵权行为的认定上，如果电子商务涉及两个国家，而商标并未在两国同时注册，则会出现认定上的困难。比如一个商标在美国注册，但未在中国注册，美国企业在美国通过网络销售使用该商标的商品，中国企业在中国通过电子商务购买到该商品并在中国销售。这一销售行为在中国是否构成侵权行为，在实践中有不同的认识。

关于商标侵权形式。我国现行《商标法》第 52 条只规定了以下 5 种侵犯注册商标专用权的行为：

(1) 未经商标注册人的许可，在同一种商品或者类似商品上使用与其注册商标相同或者近似的商标的；

(2) 销售侵犯注册商标专用权的商品的；

(3) 伪造、擅自制造他人注册商标标识或者销售伪造、擅自制造的注册商标标识的；

(4) 未经商标注册人同意，更换其注册商标并将该更换商标的商品又投入市场的；

(5) 给他人的注册商标专用权造成其他损害的。

事实上，在网络上进行电子信息传输，其商标使用的外在形式发生了巨大变化。人们可能看不到那些贴着商标标识的商品或从印刷媒介中看不到服务商标，但网络页面上飘忽不定的商标图样或者与他人注册商标近似足以令人以假乱真的图标，毫无疑问诱导着网络用户的点击路径和电子商务交易。那么这种网上随意使用他人商标的行为是否构成商标侵权？它又属于商标法中规定的哪种商标侵权行为？网络的管理者是否涉嫌销售假冒（虚拟的）注册商标标识？互联网上商标使用引发的此类网络主页上的商标侵权主要包括：将他人商标移作自己网页的图标，或者将他人注册商标设计为自己网页的一部分，足以使人产生混淆，以及在自己网页上将他人的注册商标用作链接标志足以误导网络用户两种情形。这两种情形中的任何一种，对自己经营的电子商务与商标权人的商务足以造成混淆，亦势必会损害商标权人的利益。

虽然在互联网环境中，商标问题相对于其他知识产权（专利、著作权）显得更为复杂，但对此予以适当关注，借助有经验的知识产权律师，仍然可以找到问题的解决方法。

第四节　商标在域名争议中的作用

商标的功能主要有表示来源、保证品质、广告宣传和彰显个性等，其中表示来源是其最为基本的功能。同样，具有“网上商标”之称的域名，也具有标示来源的作用。有人形象地将域名比喻为“门牌号”，其标示来源的作用显而易见。域名注册是否要为商标让步？单纯的域名注册是否会侵犯他人的商标专用权？

域名与商标的冲突包括域名侵犯商标和商标反向侵夺域名。域名侵犯商标也就是通常所说的域名抢注，由于商标的专用权受到地域限制和类别限制，商标法对普通商标和驰名商标采取不同的保护方式，因此域名侵犯商标需要区分普通商标和驰名商标。

驰名商标是享有较高声誉、为相关公众所熟知，并具有较强竞争力的商标。我国根据《巴黎公约》和《TRIPS 协定》的规定对驰名商标采取跨类保护，即在不相似的商品或服务上使用与驰名商标相同或近似的标识，构成对驰名商标的侵犯。域名侵犯驰名商标是指域名持有人将他人驰名商标或与驰名商标类似的文字注册为域名而引起混淆的行为。由于域名的全球唯一性，在他人抢先将驰名商标注册为域名后，驰名商标的所有人就不能再将自己的商标注册为域名了，即他人的抢注行为在客观上排斥了驰名商标人的注册。典型案例有宝洁公司诉上海晨铉智能科技发展有限公司域名纠纷案。例如，宝洁公司于 1976 年在中国注册了“safeguard”商标，注册使用范围是香皂、沐浴露等清洁用品。上海晨铉智能科技发展有限公司于 1999 年注册了“safeguard. com. cn”域名，经营业务包括安防系统的安装维修。法院认定“safeguard”为驰名商标，被告将“safeguard”用于安防系统会打破驰名商标主体的唯一性，冲淡驰名商标的识别力，造成驰名商标知名度下降，甚至成为商品的通用名称。故被告的行为损害了驰名商标的利益，构成不正当竞争。又如，杜邦公司是椭圆字体“DUPONT”商标的专用权人，北京国网信息有限公司注册了域名“dupont. com. cn”，但未实际使用，北京第一中级人民法院认为，杜邦公司的商标为我国相关公众所熟知，构成驰名商标。被告北京国网信息有限公司无正当理由注册该域名后却不使用，阻止了原告在互联网上使用自己的商标进行商业活动，故被告的行为构成不正当竞争，据此，法院支持了原告提出的撤销涉案域名注册的诉讼请求。从这两个案例可以看出由于驰名的商标的特殊性，其商标专用权的范围可以扩展到域名领域，他人不得将与驰名商标相同或类似的文字用于域名注册。

普通商标是与驰名商标对应的概念，普通商标的效力受到地域限制和类别限制，其只在注册的类别范围内受到专有保护，所以普通商标的效力不能自然延伸到域名领域。在他人将与普通商标相同或类似的文字注册为域名的情况下，是否构成对商标的侵犯，关键是看域名注册人主观是否存在恶意以及是否引起混淆误认。比照商标法中关于普通商标侵权的认定，若域名注册人将与他人相同或相似的商标注册为域名，用于相同种类的商品、服务，或用于导致误认的相似商品、服务时，可以认为该域名构成对商标的侵犯。

商标反向侵夺域名是指商标权人恶意利用域名争议解决办法，意图剥夺域名权人所持域名的行为。在反向侵夺的情形下，域名在实质上并不构成对商标的侵犯，但商标权人却坚持认为域名构成对自己商标的侵犯，进而提起诉讼以期剥夺该域名。域名注册人在注册域名时通常是善意的，对域名享有合法权益，具有正当注册理由。典型案例是，美国 Yahoo 公司曾于 1996 年被美国得克萨斯州一家蛋糕公司控告其侵犯自己的商标，蛋糕公司于 1989 年注册了“Yahoo”商标，蛋糕公司要求法院禁止 Yahoo 公司使用 yahoo. com 域名。由于 yahoo. com 已为公众所熟知，蛋糕公司要求 Yahoo 公司禁止使用该域名是不合理的。反向侵夺下，法院会认可域名注册合理，保护域名注册人对域名的合法持有。

第四章　创业者如何选择一个好的企业名称和商标

第一节　通用名称能否申请商标？

通用名称是指在某一范围内约定俗成被普遍使用的某一种类商品或服务的名称。商品（服务）的通用名称包括：规范的商品（服务）名称、约定俗成的商品（服务）名称、商品（服务）的俗称和简称。例如，“彩色电视接收机”是规范的商品通用名称，而彩电则是简称；又如，“自行车”是规范名称，而单车则为俗称。

近年来，知识产权对企业的影响力越来越大，其中商标有着“一着不慎，满盘皆输”的安全隐患。企业在申请注册商标时，当然希望自己的商标中能够包含同类型商品的通用名称，因为使用与产品属性相符的词语作为商标，可以让消费者更容易联想到自己企业的产品。

虽说通用名称是公共资源，任何人都可以使用，如果把通用名称作为商标来申请也是可以的，但具有一定危险性，应当谨慎。当然，也有另外一种情况出现，比如，自己取名申请的商标，因为做得太优秀，居然“被通用名称”了。例如，吗啡(heroin)、阿司匹林(aspirin)、优盘、拉链等商标。反之，有的通用名称用着用着就成了别人的商标。

通用名称能否注册并不仅仅看词汇本身，而是要将其与使用的商品联系起来。如“Apple”牌苹果或“Apple”牌果汁很难注册，因为它是一个描述产品原材料的通用名称，一旦获准注册，会给其他商家带来巨大影响，但“Apple”牌电脑、手机确实有显著性，可以获得注册。也就是说如果使用的通用名称与同类型产品无关，则相对安全。

商品的通用名称和图形禁用为本商品的商标，一方面是因为其不能区别不同经营者，另一方面是防止通用名称和图形不公平地为独家所垄断。

酒类商品的通用名称包括曲酒、特曲、大曲、二曲、三曲、烧酒、二锅头、酿、米酒、高粱酒、山楂酒、苹果酒、梨酒、黑加仑酒、猕猴、人参酒、威士忌、白兰地等。

“全粮液”与“五粮液”近似，但是却不能视为商品通用名称。

“香槟”是法文“Champagne”的译音，是法国原产地名称，指产于法国 Champagne 省的一种起泡白葡萄酒，不能作为商品通用名称使用。

行业“通用名称”或类似文字被抢注成商标后，基本都会引发行业内企业间的行政或司法纷争。

“通用名称”商标事件屡见不鲜，如“解百纳”红酒、“木糖醇”口香糖、“小肥羊”火锅、“双黄莲蓉”月饼、“小农占”大米，等等。这些涉及行业“通用名称”的商标纠纷，无一不造成行业内的大动荡。

2005 年 2 月 28 日有机构披露香港某公司抢注“双黄莲蓉”及“双黄白莲蓉”月饼商标，立即引起了包括中央电视台在内的各大媒体关注，广东省商业联合会、广东省食品行业协会等联合召集相关企业紧急应对。随后，深圳、佛山等地相关协会发起了维权行动。2006 年 3 月 24 日，香港公司迫于社会各方压力，向国家商标局申请放弃“双黄莲蓉”及“双黄白莲蓉”商标的申请权。4 月 14 日，国家商标局刊登相关公告，之后作出了裁定“双黄莲蓉”和“双黄白莲蓉”商标不予核准注册的异议结案决定书。

此外，“小农占”大米等“通用名称”注册商标，也引起近百家业内企业联合向国家工商总局商标评审委员会提出争议申请，要求撤销其商标注册，并成为国内影响较大的“通用名称”商标纠纷事件。

2005 年 12 月，蒙牛乳业向呼和浩特市中级人民法院提起诉讼，认为河南某乳业公司的“酸酸乳”乳酸菌饮料，不仅使用了与原告“酸酸乳”相同的品牌，而且包装、装潢也与原告的“酸酸乳”饮料近似，要求判定对方立即停止侵权。次年 2 月 16 日，呼市中院对此案进行公开审理，并判令被告立即停止对原告"酸酸乳"未注册驰名商标的侵权和不正当竞争行为。

此判决作出后,三鹿、伊利、光明等众多乳品企业纷纷表示反对,向内蒙古高级人民法院递交了异议书。因为如此一来,业内企业将失去使用"酸酸乳"的权利。其中有 5 家企业在 8 月份向内蒙古高级人民法院出示了反对证据。几家企业均认为,呼和浩特市中级人民法院认定"酸酸乳"为蒙牛公司的未注册商标为驰名商标是错误判决,要求予以纠正。

抢注"通用名称"作为商标之所以愈演愈烈,与执法机关以往对类似案件的普遍处理方式很有关联。不论是工商部门或是法院,只要商标注册人能提供《商标注册证》,就普遍以他人使用的文字与注册商标近似、构成侵权而一律予以处罚,其间几乎从未综合考虑同行企业的异议,以及该商标是否为涉及"通用名称"的注册不当商标等事实因素。

第二节 商标的显著性越高保护力度越大

构成商标的符号要素为自创无含义的单词或词组、或由动物卡通造型或通过特殊手法表现出的形态的,则属于显著性高的商标。例如使用在"冰箱"上的"海尔"商标、使用在"彩色胶卷"上的"柯达 KODAK"商标。

商标的固有显著性不仅体现在其符号要素的内容上，还体现在符号要素的表现形式上。以文字商标为例，其固有显著性不仅体现在字词组合上，还体现在其表现形式上，即含有一定设计成分的字体或者组合形式，如特殊字体、手写体(含签名)等。一般而言，商标固有显著性越强，获得特殊保护的可能性越大。

构成商标的符号要素为普通有含义的单词或词组，或者属于某类商品上常见图形、自然界动物的常见形态的，则属于显著性弱的商标，例如使用在“葡萄酒”上的“长城”商标、使用在“酒”上的“草原”商标。

显著性存在一个程度问题，凡是达到最低限度之显著性要求即具备固有显著性的标记都可以注册为商标。事实上，商标显著性的程度往往远远超过这一标准。因此，在一般情况下，只要某一标志不存在明显的瑕疵，显著性是可以推定的。在实践中，商标显著性的判断一般采用反证法，即排除某些不得作为商标使用、不得作为商标注册的标志。从立法上来看，商标法有关显著性规定的大部分内容都属于禁止性条款，即直接将那些不合格的标志排除在商标保护之外。显著性是动态的、可变的，本来不具有显著性的标记可能会因为长久的使用而具备了显著性；反之，一个本来具备显著性的标记也会由于使用不当而丧失显著性。

在实践中，根据商标固有显著性的强弱不同，将商标区分为强商标和弱商标。强商标保护力度较大，相应地，弱商标的保护力度较小。

强商标包括三种，即臆造性商标、任意性商标和暗示性商标。以文字商标为例，所谓臆造性商标，是指构成商标的文字在词典上没有任何含义。例如，"海尔"本身没有描述任何事物，且没有任何含义。所谓任意性商标，是指构成商标的文字在词典上有固定含义，但与其指定的商品或者服务无关。所谓暗示性商标，是指对其使用商品的性质或者质量具有影射或者暗示作用的商标。

弱商标是标记性弱、叙述性强，商标文字或图形本身还标示某种实际存在的物体或含有某种实际意义的商标，常见形态有描述性商标、地名商标和姓氏商标。所谓描述性商标，是指仅仅描述了其使用商品的功能、质量、成分等特点的商标。所谓地名商标，是指描述了商品产地或者服务提供场所的商标。对于弱商标，除非申请人能够证明该商标已经通过使用取得第二含义，否则获得注册的可能性较低。例如"北极熊""牡丹""永久""长城""黄山""中华门""光明""美丽""卓越""天使""天天""阳光"，等等。从法律意义上来讲，描述性商标以及颜色、声音、气味等商标由于主要表示了产品本身的特征，在消费者眼中，一般不会同商品或服务的特定出处联系到一起，属于显著性较弱的标记。当然，经过长时间的使用，消费者也可能克服通常的观念并建立起特别的印象，从而将该标记与特定出处相联系，但这一过程通常相当不确定，而且即使成功，最多是获得相对显著性，除非特别知名，基本不可能享受超出本商品或服务领域的保护。

商标的显著性可以进一步分为两个层次，一是商标标记本身所固有的显著性，即商标文字、图形或者图文组合或者表现形式以及立体商标构造的显著性；二是通过使用取得的显著性，即因商标知名度的提高使商标显著性获得提升。

按照宜于获得商标保护的适格程度，将各种标志分为五种类型：①通用名称；②描述性词汇；③暗示性词汇；④随意词汇和；⑤臆造词汇。

其中，暗示性、随意和臆造词汇均具备固有显著性，而描述性词汇和通用名称则由于与商品之间有过强的关联，不具备固有显著性。所谓具备固有显著性是指商标标志不能被合理地理解为是对其所附着产品的描述或装饰，消费者会自动将这种标志视为产品出处的表征，因而，可以直接注册为商标，如海尔冰箱、苹果计算机和健力宝饮料就分别属于臆造、随意和暗示商标；而对产品的性质、产地、成分等进行直接描述或者可被合理地视为产品装饰的标志则不具备显著性，不得注册为商标。其中，描述性或装饰性标志经过长期使用如果被消费者认可，产生了标示产品出处的第二含义或者次要含义，则获得了商标法所要求的显著性，传统理论又称获得显著性为“显著性的拟制”，如五粮液白酒、两面针牙膏和青岛啤酒。

在商标保护的实践中，显著性不可能像算术一样严格量化。“某一标志在什么时候具有强的显著性，不可能作出一般的描述，比方说，通过设定一个百分比，当视某一标志为商标的消费者达到该百分比时，该标志就具备了显著性。”很明显，如果市场上所有的消费者都意识到某个商标所标示的是相关产品的制造者或服务的提供者，则该商标是强商标，相反，如果没有人认为该标志具有上述功能，则它根本不具备显著性。

尽管如此，在现实中并不存在可以量化为具体百分比的分界点，低于这一分界点，本来具有显著性的商标就不复具有显著性。对于那些人们平常很少购买而且使用寿命长的商品或者服务，一般消费者只是偶尔光顾这类市场，在有此需要之前，人们根本不会关注该类商品或服务。而另外一些品牌的商品或服务则对整个社会都有很大影响，即便是那些根本没有购买需求的人也对其充分关注。因此，即使要确定一个量化的分界点，分界点的具体百分比也应该因商品或服务种类而异，这就使得这种量化不具有现实的可操作性。

因此，试图对显著性进行量化混淆了两个概念：其一，社会公众对某一商标的实际认可度；其二，某一商标在相关市场上标示产品或服务来源的能力。对某一商标的实际认可度常常可以通过市场调查量化，而商标标示商品或服务来源的能力则难以量化，因为它同时包含了实际和潜在的标示能力。因此，实际的认可度并非衡量某一标志区分产品能力的尺度。

可见，显著性又可以分为实际显著性与潜在显著性。实际显著性很低的商标却可能有着很高的潜在显著性，实际显著性往往代表着商标实际的市场认可度，潜在显著性则不过是被认可的可能性。这样一来，潜在显著性似乎等同于固有显著性，实际显著性则仿佛对应于获得显著性。实际上却并不尽然，固有显著性很低的商标如 Coca-Cola 和 Microsoft 这些本来具有描述性的标志也可以成为强商标，因而具有很高的潜在显著性，事实上也拥有了很高的实际显著性。潜在显著性能否充分体现，主要取决于商标所有人市场营销能力和强度，而与商标标志本身的属性关系不大。这样看来，企业最初对商标的选择和设计并不如人们所想象的那样重要。

申请人在申请注册商标时，所提交的商标图样是否具有显著性特征是最重要的审查内容之一，根据商标法的规定，缺乏显著特征的标志不授予商标专用权。商标的显著性特征，通常是指商标为实现其功能所应当具备的，足以使相关公众区分商品来源的特征。

以“纯绵”与“雅儒”两个商标为例，两者都申请注册在服装商品中。我们可以发现，“雅儒”商标易于在商标与商品提供者之间建立唯一的联系，适合作为商标以便于消费者区分商品的来源，所以我们说这个商标具有商标的显著性特征。

而“纯绵”商标，由于在服装行业中，纯棉是服装面料的主要原料，又是服装厂商在对产品的营销宣传中经常使用的字眼，其含义泛指某一种材料，而无法实现有针对性的指向某一个厂商，加之“纯绵”与“纯棉”从字型和读音的角度观察极为近似。所以类似于“纯绵”这样的商标，就不具有商标的显著特征。

通常，我们在考察一个商标是否具有显著特征时，主要会考虑以下几个方面的内容：

(1) 构成商标标志本身的各要素(包括含义、叫法和外观构成等)，如过于简单的线条或图形，过于复杂的文字、图形、数字、字母或这个要素过于复杂的组合等情况，都不适合作为区分商品来源的标志。过于复杂的标志与过于简单的标志一样都不便于识别和呼叫。

（2）商标指定使用的商品，比如，将苹果电脑的标志做在水果行业，简单地讲，卖苹果的商户以苹果的外形标志作为其商标；或是鞋店以皮鞋的外形作为其商标，显然是无法起到区分商品来源的作用，也不便于在消费群体中将这些特定的商户与其他同业者进行区分。

（3）商标指定使用商品的相关公众的认知习惯，相关公众的认知习惯是在考量一个标志是否具有显著性时非常重要的因素。商标作为区分商品或服务提供者的标志，其识别的主体就是特定商品或服务的相关公众。也可以说，我们在观察一个标志是否具备显著特征时应当站在其相关公众或此领域的消费者的角度。比如，对于大型医疗器械商标的审查应当站在医疗机构的角度，而不是患者的角度；对于婴童用品商标的审查应当站在成年人的角度，而不是儿童的角度；对于香烟外包装封拉线商标的审查应当站在烟厂的角度，而不是烟民的角度。

（4）商标指定使用商品所属行业的实际使用情况，这一点主要是考虑到有一些商标，从标志本身来看，符合注册商标的所有要求，甚至曾经被核准注册，或一度被评为驰名商标或著名商标。但是由于使用不当和保护不利，以至于这些商标在行业内，丧失了显著特征。这样的商标如“阿司匹林”“尼龙”“吉普 Jeep”，等等。当这些标志由于沦为行为通用词，从而丧失了商标的显著特征，也就不再适合作为注册商标予以保护了。这也从侧面反映出知名商标保护的重要性。

为什么在商标实践中，显著性高的商标保护力度也大呢？原因如下：

（1）显著性越高的商标，例如“柯达”，给消费者留下的印象越深，同样，“柯到”也越有可能让消费者联想到“柯达”。如果允许“柯到”成为注册商标，就有可能会导致消费者的混淆，消费会想这两个商标可能来源于同一生产厂家或者两者存在一定的关系，从而可能会影响到“柯达”的商誉。

（2）商标的显著性越多，消费者就越有可能认为携带该商标的所有类似商品或服务均来自同一家公司。因此，对于显著性较高的商标，必须阻止市场上出现来自不同厂家的类似商标。

（3）一家公司在某个商标上投入的时间和推广费用越多，就越有必要对此商标进行充分的保护。即使商标显著性较弱，但是如果随着时间的推进，大量消费者已经认可了商标的识别性，则该商标的显著性便得以增强。

第三节　使商标具有显著性的捷径

捷径一：使用新词以及不同词拼接而成的词语

新词也称为“臆造词”，就是创造一个从来没有过的词汇，这样的名字足够独特，不会与其他商标撞车，这样也便于企业以后在品牌宣传时，排除其他品牌对于自身的障碍，最直接的表现就是，当百度搜索你的品牌的时候，出现在搜索结果中的信息绝大多数都是你的品牌。此外，这种商标由于非常独特，在申请注册时，成功率也会超乎寻常地高，如果没有其他考虑，强烈推荐选择新词作为显著性高的商标。

捷径二：使用随意性词语

这是目前所有商标中，数量最多的一类。选择一个已经固有的名称作为商标名称，这样的名称通常和将来使用该商标的商品或者服务没有任何联系，仅仅是用来作为一种标识，注册成功率也比较高。例如，“苹果”电脑、“箭牌”衬衫、“骆驼”皮鞋、“娃哈哈”矿泉水等。

像“苹果”就是这样的标记，它可以作为电脑或服装的商标，但不能作为苹果本身的商标，因为它是该商品的通用名称，显然不能起到区别作用，因此缺乏显著性。

随意性词语的保护力度与新词相当。

捷径三：具有暗示性含义但没有直接描述产品或服务的词语

这种名称能够起到间接暗示你的产品品质、标榜企业文化等作用。这种商标能够帮助你的消费者对产品产生认同感，但是由于暗示性和描述性商标的界限比较模糊，容易被商标局认定为描述性商标而被驳回。暗示性商标虽然与商品、商品成分或其功能没有明显的联系，但是却旨在创造出一种能与该商品发生联系的指定的思维结构。该商标暗示了产品的特点、性质、成分或用途等。与无含义商标相比，暗示性商标对消费者来说更具有吸引力，同时也便于记忆。因此，暗示性商标往往受到企业经营者和销售人员的偏爱。从定义上来讲，暗示性商标既然对产品没有叙述性，它也就很可能享有如同无含义商标一样的广泛的法律保护。

暗示性商标由常用词构成，它以隐喻、暗示的手法提示商品的属性或某一特点。暗示性商标在所有国家都是最为常见的，如饮料商标"健力宝"、便利店商标"7-ELEVEn"等。

由于暗示性商标兼顾了广告的效果但仍然具有显著性，所以本书对其进行详细说明，希望对读者朋友能有所启发并能够灵活使用。

暗示性商标命名策略

1. 动物命名法

用动物名来给商标命名的语言学手段是比喻。人们利用商品的外形、特点与某些动物相类似的表象特征来命名商标，使商标名具有形象感。Caterpillar 是一种履带拖拉机的著名商标名。“Carerpillar”原指一种蠕动的毛毛虫，因最初由加州的本杰明·霍尔特生产的这种车行驶起来酷似一条爬行的毛毛虫而得名。以动物名作为商标名是暗示命名的主要方法，欧美汽车和军械的商标多以动物来命名，如汽车类“Branco”（烈马）、“Mustang”（小野马）、“Viper”（蝰蛇）、“Thunderbird”（雷鸟）、“Jaguar”（美洲虎）等；军械类“Condor”（“秃鹰”制导导弹）、“Quail”（“鹌鹑”轰炸车）、“Bobcat”（“山猫”侦察汽车）、“Tortoise”（“龟”重型坦克）等。其他以动物名作为商标名的产品有“犀牛”（刀片）、“斑马”（蚊香）、“白猫”（洗衣粉）、“红牛”（饮料）、“Camel”（骆驼牌香烟）、“Kiwi”（基维鸟牌鞋油）等。

2. 植物命名法

一般来说，植物生长具有一定的区域性，人们了解植物的范围亦有限。不同区域、不同民族的消费者对同一种植物理解不一，寓意差异很大，甚至有诸多的禁忌。这正是以植物命名商标一般难以成为世界商标的主要原因。但是，这并不能阻碍某些植物商标名成为名牌商标的可能。如“Coca-Cola”这个世界级的商标中，“coca”代表南美洲的一种药草，“cola”代表非洲的一种果子。再如，“梅花”（味精）、“牡丹”（电视机）、“芳草”（牙膏）等也都是著名商标名。

植物命名往往选取那些人们很熟悉并能唤起美好联想的植物，通过丰富的语义联想产生商标意象，最终使商品在消费者的心目中留下美好的印象。

3. 自然现象命名法

用日月星辰、河流、风霜雪雨等大自然现象给商标命名是以人们在长期的社会生活和实践中对自然现象的文化积淀并赋予它们独有的含义为基础的。如“太阳神”（口服液）、“蓝天”（牙膏）、“白雪”（冰柜）、“April Dew”（四月露水，香水）、“Cyclone”（旋风，汽车）等。但由于文化背景的不同，人们对同样的自然现象会产生不同的意象，如“东风”可以作为生产汽车的商标名，在西方则一般不会用“东风”作商标名。

4. 数字命名法

以数字命名商标具有易读、易识、易记、易传播的优越性，因此，在世界各国均可以找到数字商标。数字命名法一般分为单纯数字式和数字、文字综合式两种。如“555”（香烟）、“999”（胃药）、“101”（毛发再生精）、“五星”（啤酒）、“Double

Century”（雪梨酒）、“7 Up”（七喜饮料）等。

5. 名气命名法

所谓名气命名法，是指直接以与企业或商品有关联的人物、地点、事件等来命名。这种命名法不仅提供了商品的创始人、设计者、所在地等相关信息，还借助古代或现代的名人、名胜、有纪念意义的人物和事件命名商标，以提高商品的知名度，并暗示商品历史悠久、质量可靠、保证信誉。如“太白”（酒）、“李斯”（金笔）、“长城”（电器）、“太阳岛”（啤酒）、“泰山”（油漆）等。以名人、名胜等命名商标尽管依赖于消费者对商标名这一符号的解读能力，但它所提供的相关信息是非常有魅力的。以“太白”作为酒的商标名，自然使人联想到唐代伟大的浪漫主义诗人李白。他一生桀骜不驯，纵酒狂歌，以酒为名创作了大量脍炙人口的诗篇。在世人眼里，李白首先是酒仙，然后才是诗仙。因此，以“太白”命名白酒，暗示了酒的效能信息与文化内涵。

第五章　如何进行商标查询

第一节　为什么要做商标查询？

根据笔者十多年的经验，商标查询有三个目的：

(1) 由于商标注册需要一年左右的时间，所以在提交商标注册之前进行商标查询以便预判成功率，避免浪费时间；

(2) 避免对之前的注册商标和非注册商标构成商标侵权；

(3) 提前发现存在在先使用的非注册商标，避免商标权利存在瑕疵。

注册过商标的企业都知道，商标并不是百分之百可以成功注册的，其中还有很多的影响因素，在商标注册过程中，因为商标近似或者相同导致商标注册失败的现象比比皆是。

虽然说商标注册成功率并不能达到百分之百，但是可以尽量提高商标注册成功率，做到无限接近，这也就凸显了商标注册前，进行商标查询的重要性。

首先，我们可以通过商标查询了解到是否与之前商标或正在注册的商标存在相同或近似的情况。如果发现存在相同或近似的商标，则可以对自身的预注册商标进行调整或修改，可以有效规避商标注册失败的风险，提高商标注册的成功率。

其次，通过商标查询，我们可以确定自身预注册商标是否可以安全使用，可以清楚自身预注册商标是否对他人注册的商标造成侵权，并且有利于减少商品或服务的推广与宣传费用，可以尽量将损失降到最低。

最后，商标查询可以让我们及时准确地了解到商标注册的申请进度，使我们明确商标注册成功与否及商标可以使用的时间，做到知己知彼。

除了提升商标注册成功率的原因以外，避免商标侵权也是商标查询的另一原因。企业渐入佳境，如果这时发现自己使用的商标对之前的商标构成侵权，改变 logo 及商标的代价非常大，更不用说还需要承担赔偿责任了。

即使企业成功注册商标，如果事后发现别人已经存在在先使用的非注册商标，由于别人拥有在先使用权，消费者会误以为市场上别人的商品来自本企业，会对企业的商誉造成影响，可谓是商标权的瑕疵。

第二节　在哪里做商标查询？

商标查询分为注册商标的查询和非注册商标的查询，以下分别进行说明。

对于知识产权律师以外的非专业人员而言，商标局官网可以满足对于注册商标的基本的查询需求。

为了方便读者了解商标查询的基本操作，特列出商标查询的基本步骤：

（1）登录中国商标网官网（网址：http://sbj.saic.gov.cn），首页如图 5-1 所示。

图 5-1　中国商标网首页

（2）点击进入“商标查询”，显示的界面截图如图 5-2 所示。

（3）阅读使用说明文字后，点击“我接受”按钮，显示查询界面，如图 5-3 所示。

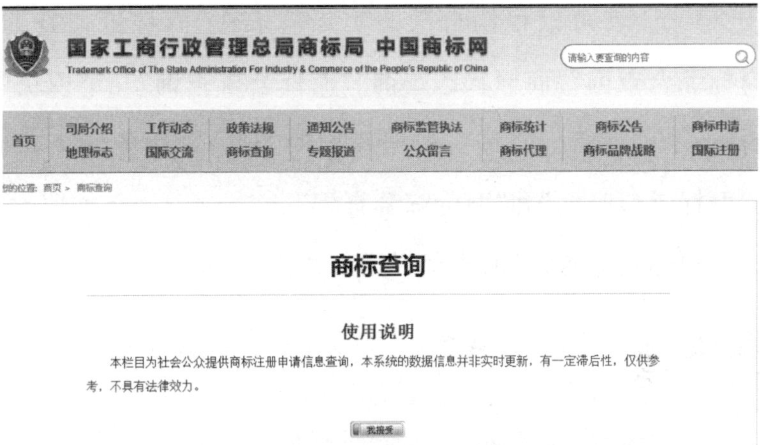

图 5-2　商标查询页面

图 5-3　商标查询功能界面

（4）读者可以根据自己的实际需求在“商标近似查询”“商标综合查询”“商标状态查询”“商标公告查询”几个模块中选择一个进行商标查询。根据我们的经验，常用的两个功能是“商标近似查询”和“商标综合查询”。

“商标近似查询”的查询界面如图 5-4 所示：

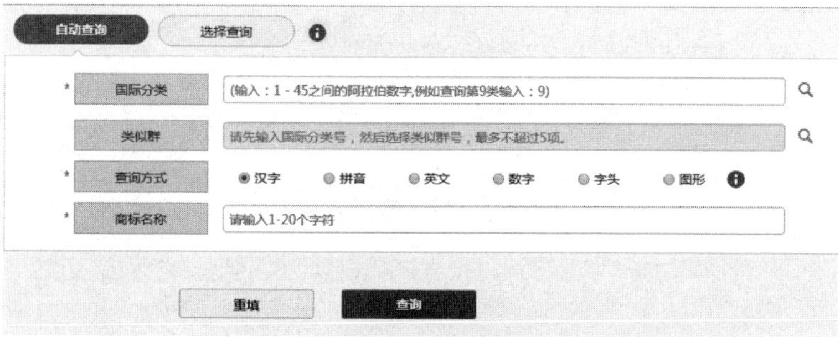

图 5-4　商标近似查询界面

“商标综合查询”的查询界面如图 5-5 所示：

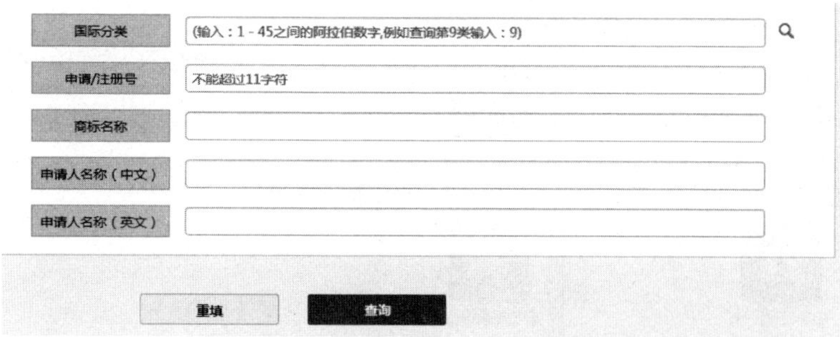

图 5-5　商标综合查询界面

你可以在“商标名称”中输入一个你知道的商标试一试效果。

在实际使用过程中，可以结合这两个功能进行查询，以满足商标查询的不同需要。

非注册商标的查询比较复杂，对于不同的查询需要，需要采用不同深度的查询方式。

一般来说，对于非注册商标的查询有以下几种方式：

(1) 通过搜索引擎（例如，百度、360、搜狗等）对欲使用或注册的商标进行查询，查询是否有同行已经在互联网环境下使用该商标；

(2) 在诸如阿里云、新网、万网和 GoDaddy 等网站查询是否有读音相近似的商标音译被注册为域名；

(3) 在国家图书馆馆藏的期刊杂志上查询是否已经存在未注册商标的使用；

(4) 在工商总局的企业诚信信息中查询商标是否已经被注册为企业名称、字号或商标，以免以后出现不正当竞争的潜在风险。

第三节　商标查询的不同深度

商标查询的深度取决于企业的规模以及品牌战略。根据笔者的经验，最好的知识产权策略是要保证商标、字号、域名都没有在先使用的情形并且全部可以由自己使用和注册。

一般来说，有以下三个深度的商标查询：

- 精准查询
- 分析查询
- 广泛查询

精准查询是指在第一节中提及的在商标局官方网站上对于注册商标的查询。如果已经存在在先注册商标，无论您是否知晓，只要你使用就会导致商标侵权的情况，精准查询还可以保证你能成功将商标注册在自己企业名下。此外，精准查询还可以确定除了你的企业的产品或服务之外，是否已经被跨行的企业注册为商标，在这种情况下，你可以成功注册商标，但是如果企业以后拓展业务领域，可能不再有使用相同商标的权利。根据笔者的经验，如果你在注册商标前有几个选择，通过精准查询缩小选择范围，是比较好的方式。精准查询是最简单有效的方式，有兴趣的读者可以通过本章第一节中介绍的操作方式进行查询，一旦学会，可以为你节省至少 800 元的查询费用。

对于部分公司而言，特别是对于希望在全国甚至世界范围内开展业务的公司而言，精准查询只是第一步。如果商标的显著性较高，更加彻底的查询就显得尤为重要。而对于仅仅想在一个地域范围内开展业务的公司而言，如果可以容忍突然哪天跳出一家早已在使用商标的同行的风险，精准查询已经足够。根据商标的类型和复杂程度的不同，分析查询需要对以下商标进行查询：

（1）读音、形状、含义三方面相近似的注册商标和申请中的商标；

（2）容易导致市场混淆的近似商标。

与精准查询相比较，分析查询更深度，并且包括更多的商标近似性分析，需要花费一定的时间和精力，但是分析查询能够大幅度降低以后在商标使用过程中的潜在风险。对希望能够长久实施品牌战略的公司而言，分析查询是必需步骤。

广泛查询除了精准查询和分析查询之外，还包括利用其他资源对未注册商标、声称已经注册的商标进行查询，这些资源包括企业黄页、商品名录、B2B企业平台等。广泛查询的目的是发现任何可能的实际使用，无论其是否已经注册。根据笔者的经验，大部分商标间的知识产权纠纷的结果都是支持第一个使用者的。

对于本地企业而言，广泛查询至少包括检查相关的企业黄页、报纸、产品期刊及其他可能包括与本地商标相冲突的其他资源。对于希望在更大地域范围内开展业务的企业而言，包括但不限于互联网创业企业和电子商务企业，广泛查询可以包括许多不同的线上线下资源。笔者建议，你可以自己完成商标的精准查询和分析查询。同样，你也完全可以自己完成广泛查询。但是，如果你希望向企业投入大量的资金，并且有清晰的品牌战略，建议聘请专业的商标律师帮你完成这些工作。

以上内容主要针对以文字为主要部分的商标，对于图形商标而言，检索过程要复杂得多，首先需要找出图形元素的编码。详细步骤如下：

(1) 登录中国商标网官网(http://sbj.saic.gov.cn)，登录后，首页如图 5-6 所示，点击“商标查询”(箭头所指)；

(2) 点击进入“商标查询”，显示的界面截图，如图 5-7 所示；

(3) 阅读使用说明文字后，点击“我接受”按钮，显示查询界面，如图 5-8 所示；

(4) 选择第一个“商标近似查询”，输入查询的类别，选择查询方式“图形”，然后点击最下面的“图形编码”最右边的放大镜图标，如图 5-9 所示；

图 5-6　中国商标网首页

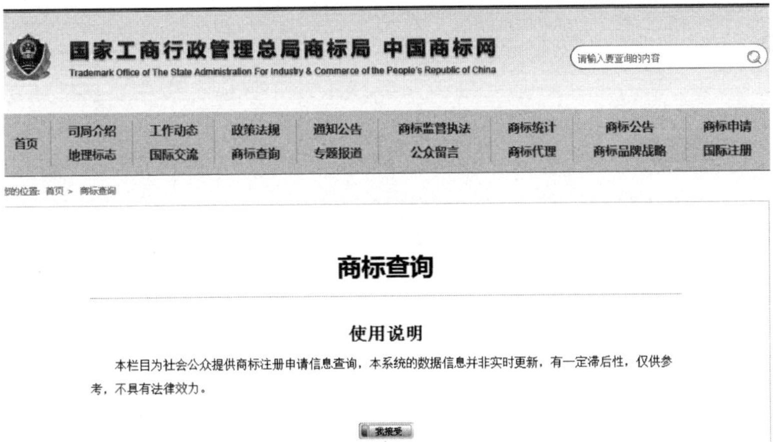

图 5-7　商标查询页面

图 5-8　商标查询功能界面

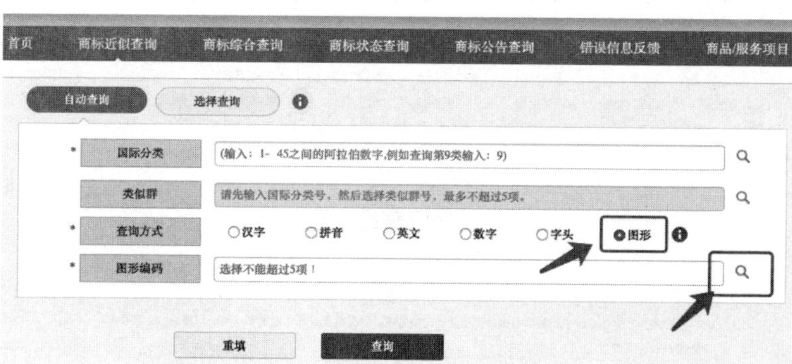

图 5-9　图形查询界面

(5) 点击放大镜图标后，会出现让你选择你想要查询的图形。例如：如果想查询包含有地球或地球仪形状的商标，则选中 1.5.1。选择好后，点击“加入检索”，如图 5-10 所示；

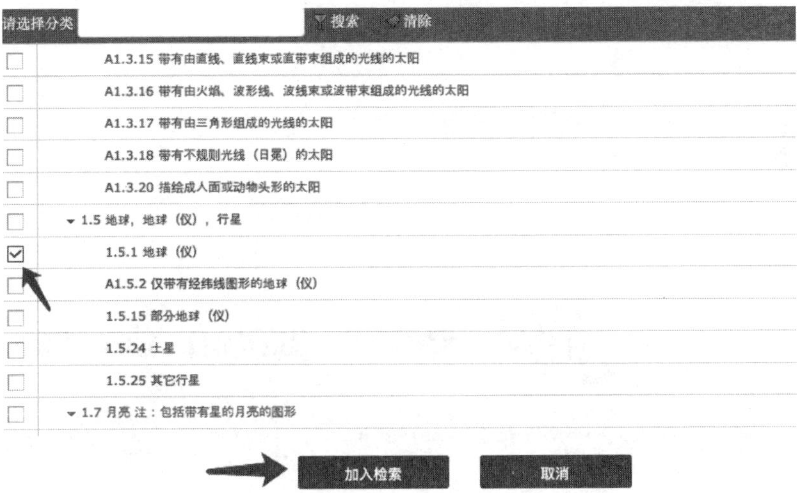

图 5-10　图形编码页面

(6) 会自动出现图形对应的图形编码，然后点击“查询”，就会出现你想要查询的图形商标，然后再一一甄别即可，如图 5-11 和图 5-12 所示。

是不是非常简单？根据笔者的经验，新人学作图形查询，一般来说花费几个小时就可以熟练使用了。

此外，即使你已经成功注册了公司并开始运营，也并不意味着你就可以将企业名称用作商标。在你办理工商注册

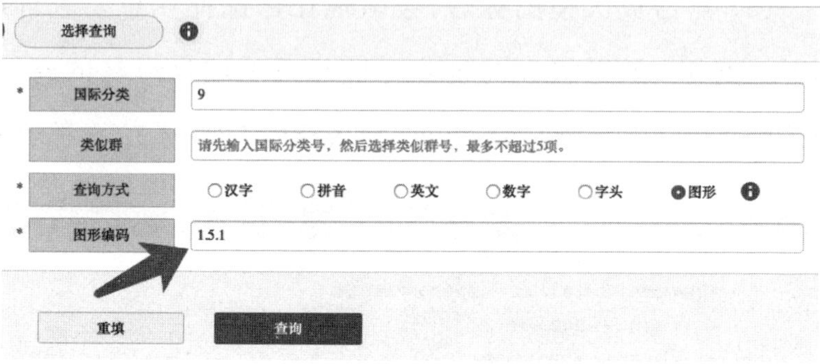

图 5-11　商标图形查询界面

图 5-12　图形商标查询结果

时，工商部门仅将你的企业字号与本地区其他企业的字号进行检查，并没有针对商标进行查询，仍然存在商标侵权的风险。

第四节　对于查询结果如何进行评估？

如果你正在挑选一个商标，对于商标的查询结果进行评估是一项防御性的工作。你要确保准备注册的商标可以获得注册。如果商标局认为你的商标与已经注册的商标构成近似，你的商标申请就会被驳回。即使商标局的审查员在审查时摇摆不定，最终主观上认为不构成近似，你的商标能够获得注册，之后，商标的在先注册人也能够通过撤销或无效程序取消你的商标注册，只要他能够证明两个商标之间存在混淆的可能。

如果你拥有一项注册商标但还是牵扯到了商标侵权纠纷中，你会希望使用本书中的信息帮助你判断使用两个商标是否会造成消费者的混淆。如果不存在混淆并且另一件商标知名度不高，你就会处于比较有利的位置。

在《专利法》中，避免消费者的混淆处于核心的位置。但是，判断两个商标是否近似具有较大的主观性，这更像是艺术而不是科学。这里的“混淆”有两种不同的含义。第一种含义是指，它意味着如果消费者本来希望买到带有商标 A 的商品，结果买到了商标 B 的商品，在这种情况下就可以确定商标 A 和商标 B 构成了混淆。第二种含义是指，消费者虽然识别出商标B与商标A有所不同，但是会认为两者均来自同一家公司，或者认为是来自有一定的关联性两家公司，例如，两家公司为母子公司或者存在股权关联。例如，如果市面上有Apple牌的收音机销售，消费者就很有可能会认为这是苹果公司制造的，或者至少是与苹果公司有关系。

在判断要注册或使用的商标是否与在先商标构成混淆的过程中，可以通过以下问题进行判断：

(1) 标有两个商标的商品是否通过相同的市场渠道进行销售？

(2) 相关商品在市场上是否具有竞争关系？

(3) 两个商标在发音、外形、含义三个方面的近似性程度有多大？

(4) 两个商标的显著性强弱如何？

(5) 标有两个商标的商品价格高低？（这个问题的目的，是要确定当消费者购买相关商品时会用多大的注意力来判断其来源）

(6) 两个商标是否拥有相同的消费者群体？

(7) 商品使用者是否曾在不同的商品上使用相同商标，或者是否将来有可能这么做？

根据笔者的经验，在具体进行混淆性判断的过程中，最常用到的是以下三个标准：

标准1：标有两个商标的商品之间有多大的关联性？

标有两个商标的商品之间如果有非常大的关联性，出现在基本上相同的消费渠道中，销售对象是相同的消费者群体，两个商标的混淆性判断标准就会比较低，甚至可以这么说，只要两件商标有一个关键元素相近，消费者就很有可能认为两者会构成混淆。

标准2：标有两个商标的商品之间是否存在竞争关系？

如果标有两件商标的不同商品之间存在直接竞争关系，消费者就容易由于两者的混淆而买错不同来源的商品。

标准3：两个商标在外形、含义或读音三方面的近似性有多大？

两个商标在上述三方面的近似性越大，消费者就越容易混淆两者。

在进行混淆性判断时，标有商标的商品之间是否类似也是一个关键因素。一般来说，如果一个商标知名度不是非常高（例如，未达到"驰名商标"的知名度标准），别人是可以在不相类似的商品上进行注册和使用的。对判断类似商品的标准是什么，商标法规定的类似商品，是指在功能、用途、生产部门、销售渠道、消费对象等方面相同，或者相关公众一般认为其存在特定联系、容易造成混淆的商品。认定商品是否类似，应当对商品的功能、用途、生产部门、销售渠道、消费对象等要素加以评判；判断类似服务的要素包括服务项目、内容、方式、对象等。同时相关公众一般认为这两者与相关对象存在特定联系、容易造成混淆的，也构成类似商品或类似服务。

媒体曾经报道过一起涉及知名商标“卡地亚”的商标侵权纠纷案件。在该案中，作为知名珠宝商标“卡地亚”的持有人，原告卡地亚国际有限公司发现被告成都某房地产有限责任公司在其开发的别墅楼盘及相关宣传中，使用了包含有“卡地亚”文字的标识作为该楼盘的名称，即“蔚蓝卡地亚”，遂提起商标侵权之诉讼，并要求确认“卡地亚”为驰名商标。最终，法院没有支持原告的主张。

我国商标法规定，“就不相同或者不相类似商品申请注册的商标是复制、摹仿或者翻译他人已经在中国注册的驰名商标，误导公众，致使该驰名商标注册人的利益可能受到损害的，不予注册并禁止使用。”这是关于驰名商标跨类保护最基本的规定。随后最高人民法院出台了相关规定，在商品上使用商标的行为，不再要求必须导致相关公众产生来源混淆或关联混淆，只要构成对驰名商标的淡化，即可认定侵害存在。

因此，基本上可以这么认为，即如果要得到商标在不同类商品上的保护，需要其知名度达到驰名商标的标准。在前面提到的“卡地亚”案件中，法院驳回原告诉讼请求的理由就在于：被告的标识“蔚蓝卡地亚”虽然与商标“卡地亚”构成近似，但两者所使用的商品，即别墅与珠宝在商品种类上差异巨大。并且，别墅作为一种价值很大的特殊商品，相关公众在选择、购买时往往会施以较高的注意力，更多地去关注开发商的资质以及别墅本身的品质，进而会了解到关于商品来源的准确信息，因此不会产生误认。另外，被告将“LACADIERE”与“蔚蓝卡地亚”同时标注的行为方式，也进一步地弱化了“蔚蓝卡地亚”与“卡地亚”在相关公众心中近似的印象。更重要的是，“蔚蓝卡地亚”本来就是法国普罗旺斯省的一个旅游小镇的名称，该处的人文风光与被告所开发的西洋园林式别墅在风格上相契合。被告在其规划方案中也明确提到别墅的设计灵感来自法国南部小镇“蔚蓝卡地亚”。综合上述几点内容可以看出，被告既在主观上没有“搭便车”的故意，客观上也只会让相关公众将别墅与一个已有的旅游地名联系起来，即使“卡地亚”构成驰名商标，也不会导致其被淡化。

从该案中可以看出，法院在判断是否对商标在不同类的商品上进行保护时，会对三个条件是否成立进行逐一判断，即商标是否相同或近似；商标是否处于驰名状态；处于驰名状态的商标是否被淡化。三个条件均成立时，才能认定商标侵权成立。

经常有客户向笔者咨询这样的问题："我在商标局网站上查询得知'商标已无效'，这个商标已无效是什么意思？我们公司可以重新注册吗？"

笔者的回复：状态为"商标已无效"的商标一般分两种情况。一种是商标使用期限已到未进行续展或宽展而失效的，这种商标别人是可以注册的；另一种是在申请过程中因与在先商标构成近似、缺乏显著性等原因被驳的，这种商标再次注册也难以成功。

第五节　判断商标是否近似有没有其他考虑因素？

除了以上因素之外，在判断两个商标是否构成近似时，还需要考虑以下因素：

1. 两个商标的显著性强度如何

从本书前面章节中已经知道，强商标通常具有较大的保护力度。如果商标的文字或符号的显著性强（随意性、拼合性或暗示性)，或者如果商标通过长时间的使用具有了第二含义，则此商标即为强商标。

这里的关键是，如果一个商标的强度越高，则其他商标只要有一丝相近就越有可能被判定为容易造成混淆，从而被判定为构成近似商标。反之，如果一个商标的强度越低，则其他商标即使比较相近，也有可能被判定为非近似商标。

这意味着，如果有实际需要，完全可以模仿知名度不高的商标，从而实现“搭便车”的实际效果。

2. 标有商标的商品价格高低

商标价格高低会影响到消费者的注意程度。由于消费者对于价格高的商品通常会花费大量的时间和精力对商品进行研究和对比，所以混淆的可能性就会降低。反之，如果商品价格较低，则消费者的关注度会大幅降低，从而消费者在购买商品时发生混淆度的可能性就会较低。

3. 商品的消费者群体是否相同

很容易理解，如果两个商品具有相同的消费者群体，而两个商品上标有具有一定类似元素的商标，很容易对消费者造成混淆。

4. 在先商标的所有者是否在不同商品上使用注册商标

如果在先商标拥有者已经在多个种类的商品上使用了注

册商标，则消费者发现该注册商标又用在了新的商品上时，会更倾向于认为其来源于同样的在先商标拥有者。

5. 在后商标使用时间的长短

如果在后商标没有注册或者注册在后，但是其使用的时间较长并且属于善意使用，则至少可以说明两件事情：

（1）在后商标没有对在先商标拥有者造成很大的损害。在先商标拥有者能够容忍在后商标长时间的存在，从侧面说明对其影响不大，另外，法院一般不会支持长时间怠于行使权利的在先权利拥有者。

（2）在后商标经过长时间使用后，很可能会在一定的地域形成属于自身的商誉。

6. 在后商标的使用意图是否善意

如果在后商标的使用者知悉在先商标的知名度并且希望通过对其品牌进行“搭便车”以便增加其商品的销售和知名度，这样的意图便不是善意，在这种情况下，法院会倾向于认为在后商标与在先商标构成近似，即使两者本身的近似度不高，法院也很有可能会认定存在商标侵权。

第六章　如何进行商标注册

从以上的章节中可以获知，商标并非必须向商标局注册才能使用，但是商标注册具有非常大的优势，至少能够告知社会公众，你是商标局认可的商标拥有者，除非其他公司能够举出有力的证据证明其在先使用并且已经具备相当高的知名度，并且你的注册并非出于善意，否则很难否定你的商标权。

正是因为上述好处，笔者还是建议你及时进行商标注册，这是性价比最高的品牌维护手段。

根据笔者的经验，商标注册应当是正式在商品上使用商标之前进行注册，因为中国在商标注册上实行的是在先申请制度，只要在商标注册后的三年内正式使用即可。

第一节　选择哪些商品服务项目进行商标注册？

注册商标都是指定用于某一商品或服务上的，因此，注册时的类别应该至少是商品或服务所属类别。一些公司在经营范围及主营产品以外的类别上注册商标，一般有两个目的，一个目的是为以后公司的业务拓展提前进行商标布局，另一个目的是用作防御，用于阻止别人在其他类别上注册其商标从而影响其商誉。为了方便理解，举个极端的例子，某家公司的主营产品是巧克力，其不仅在与食品有关的类别上进行商标注册，同时也在与马桶相关的商品项目上注册了商标，目的是防止别人在马桶相关产品上注册并使用相同的商标，从而损害其产品的商誉。

在相关产品上注册商品之后，仍然可以在其他类别上使用该商标，但是由于属于未注册商标，所以不能打®标识，同时，可能会侵犯他人注册商标的商标专用权。将未注册商标冒充注册商标使用的，由工商管理部门予以制止，限期改正，可以予以通报，也可以处以几千至几万元不等的罚款。

选择商标分类，难倒了不少准备注册商标或购买商标的人。就大分类来说，商标分类就有 45 类，而每个大类还有小类，如表 6-1 所示：

表 6-1　商品分类表

01 类-化学原料	02 类-颜料油漆	03 类-化妆品	04 类-燃料油脂	05 类-医药卫生
06 类-五金金属	07 类-机械设备	08 类-手工器械	09 类-数码	10 类-医疗器械
11 类-家电	12 类-运输工具	13 类-军火烟花	14 类-珠宝钟表	15 类-乐器
16 类-文化用品	17 类-橡胶制品	18 类-皮具箱包	19 类-建筑材料	20 类-家具
21 类-日用品	22 类-绳网袋篷	23 类-纺织纱线	24 类-床上用品	25 类-服装鞋帽
26 类-花边拉链	27 类-地毯席垫	28 类-体育玩具	29 类-干货油奶	30 类-食品调味
31 类-水果花木	32 类-啤酒饮料	33 类-酒	34 类-烟草烟具	35 类-广告贸易
36 类-金融物管	37 类-建筑修理	38 类-通讯电信	39 类-运输旅行	40 类-材料加工
41 类-教育娱乐	42 类-科研服务	43 类-餐饮酒店	44 类-医疗园艺	45 类-社会法律

需要注意的是，商品分类表是为了方便商标注册程序，为了方便商标局的审查员对商标注册进行审查，并非是法院认定商品是否构成类似的标准。在法院的司法实践中，类似商品是指，在功能、用途、生产部门、销售渠道、消费对象等方面相同或者相关，而社会公众一般认为其存在特定联系、容易造成混淆的商品。

1. 商品服务分类选择的原则

简单地说，已经或计划标识商标的商品或服务范围属于什么，就选什么大的分类，因为商标注册规定一个商标在一个大类里就是一个申请，所以首先要确定注册在哪些大的分类上面。在商品服务分类表中包含了所有行业的商品或服务内容，商品服务分类的原则：

(1) 制成品原则上按其功能、用途进行分类，也可以根据这些制成品的材料或其操作方式进行分类；

(2) 多功能的组合制成品（如钟和无线电收音机的组合产品）可以根据产品中各组成部分的功能或用途，把该产品分在与这些功能或用途相应的不同类别里；

(3) 原料、未加工品或半成品原则上按其组成的原材料进行分类；

(4) 商品构成其他商品某一部分，原则上与其他商品分在一类，但这种同类商品在正常情况下不能用于其他用途。比如：汽车零配件就与汽车分在一个类别里；

(5) 成品或半成品按其组成的原材料分类时，如果是由几种不同原材料制成，原则上按其主要原材料进行分类。

当遇到无法在分类表中找到适合自己产品的分类时就可以遵循上述原则对商品分类进行选择。

2. 大类的选择原则

了解了商品服务分类原则后，就可以根据自己经营的产品或服务进行选择了。但有的时候，有些行业并没有在分类表中明确列出，而且也无法由一个分类就完全包含进去，这就出现了跨类别的情况，对这样的行业要特别注意，如果在类别上选择不当，可能会造成商标的保护力度不够，从而无法全面地进行保护。下面就举几个比较常见的行业来说明一下：

(1) 电子商务行业

概括来讲包含 4 个类别(4 个商标注册)，首先就是电子商务平台的搭建和维护，这个是属于第 42 类；其次就是电子商务平台的展示及广告功能，这个可以归在第 35 类广告类别里；再有就是电子商务平台的交流功能，如果可以提供这样的服务，则需要在第 38 类通讯电信这部分进行注册；最后就是物流配送，属于第 39 类。一个类别无法把电子商务平台的功能整体地体现出来。当然除此之外，如果是利用这个平台销售自己的产品，首先还要选择相对应的产品来进行注册。

（2）家电行业

基于上述的分类原则，家电行业在选择分类的时候就需要根据具体的家电产品来看了，在分类中没有一个叫作家电产品的分类，只能根据具体产品的功能、用途等来选择分类。

（3）食品行业

这也是一个比较大的行业，根据不同的食品种类，基本上在第 29～33 类里面进行选择即可。

3. 商品服务项目的选择原则

一个商标在一个大类里算一个申请，每个大类可以选择 10 个商品服务项目，如超出 10 个，则需要额外增加费用。笔者建议把握好以下项目选择的技巧：

（1）先选择范围比较大的商品；

（2）根据主要经营商品对范围小的商品项目进行选择，以求用最小成本达到最大的保护效果；

（3）如果小的商品项目中没有确切的商品描述，则可以选择与所经营商品功能相近的商品项目，或者将所经营商品的主要组成部分进行选择，以达到对商标的保护；

（4）对于非主营商品，只是为了类别整体保护的商标来说，在选择商品时，只要看好类似群，在大类里的每个类似群里随意选择一项商品，就可以比较好地对商标进行全面的保护，以达到在所有行业都不被他人使用的效果。

第二节 DIY* 商标注册时需要考虑的几个因素

一、需要确定计划注册几件商标

你可能想，我们一家企业只需要申请一个商标就可以了，为什么要确定需要注册几个商标呢。但是，很多情况下，对于企业而言的一件商标注册可能意味着几个不同的商标。最常见的例子是图形（“logo”）和企业名称（也称字号）构成的商标，或者由字号和广告语构成的商标。在这些例子中，字号、logo、广告语均可以成为一个单独的商标。当然，字号、logo、广告语这三个商标元素的组合至少可以有 7 个商标。

二、需要考虑商标注册的目的

正如本书前面所提及的，在商品上使用非注册商标也是完全可以的，他们即使注册了商标，商标的在先使用人仍然可以在原有规模上继续使用商标。但是，如果你希望在全国范

* DIY，即“do it yourself”之意。

围内销售商品并希望建立起一定的品牌策略，有计划地注册和使用注册商标是必需的。此外，如果预算充足并且希望逐步建立起一个好的品牌定位，建议申请以下几个商标：

（1）字号；

（2）logo＋字号；

（3）字号＋logo＋广告语。

当然，从商标保护的角度来说，在同一类别上应该申请前面所述的7件商标，即字号、logo、广告语、logo＋字号、logo＋广告语、字号＋广告语、字号＋logo＋广告语。这样做的原因基于商标近似的判断标准。很多人会认为只应该申请最后一个商标，即将三个元素都组合在一起。但是这样做的缺陷是比较明显的，例如，如果其他企业仅将logo使用为商标并且logo在整个组合中识别程度不高，这种情况下，该企业注册和使用仅有logo的商标便是正当的，如果你可以容忍这种情况的发生，那便仅须申请一件商标即可。

三、考虑是否需要在同一类别的商品上注册多个联合商标

联合商标是指在同一种或类似商品上注册的若干近似商标。这些商标中首先注册的或者主要使用的为主商标，其余的则为联合商标。

四、需要考虑在哪些类别的商品上注册商标

商标注册时对于商品类别的确定已经在前面进行了说明，这里在应用层面对商品类别的选择作进一步的讲解。

第三节　联合商标和防御商标

注册商标的目的是为了取得商标专用权，通过法律的保护，在商品或服务上使用商标，力求创立自己的商标品牌。为了达到这一目的，确保自己的利益，企业往往都制定一些适合自己的实际特点的商标战略。例如，在现有使用的注册商标基础上，进行保护防御性商标注册，是其中较常用的手段之一。这些战略性注册商标通常有"联合商标""防御商标"等。

大家应该知道，当一个商标注册成功之后，尤其是成名之后，往往会发现在同一种或类似商品上有意或无意出现的一些其他近似商标。中国幅员辽阔，企业众多，市场经济起步较晚，人们的商标法律意识正处于"初级阶段"，在很不成熟的情况下，这种现象不可避免。此外，由于不同的个人对商标所构成文字、图形的读音、含义、寓意、构成等的直观感觉不同，会出现不同的主观判断结果，因此要准确判断两个以上的商标是否构成近似甚为复杂，也相当困难。

虽然，对于这些情况，可以根据《商标法》的有关规定，通过国家商标局、商标评审委员会以异议、争议、撤销注册不当或者通过工商管理部门以《反不正当竞争法》等法律手段来达到保护商标的目的。但是这种保护总是被动的，范围是有限的，而且对企业来说，需要付出长期而巨大的精力，尤其是异议、争议、撤销注册不当之类的案件，所需时间起码长达两年甚至更长，稍有不慎，则极有可能前功尽弃，影响极大。

因此，联合商标的注册，目的不是为了使用所注册的每一个商标，而是在主商标周围建起一道防火墙，起到积极的主动防御作用，阻止他人注册和使用近似商标，使动机不纯者无机可乘。同时这些商标又能起到商标的储备作用，一旦市场需要，可以主动方便地调整商标策略，推出备用商标。

由于联合商标是相近似的若干商标的相关群体，它们只能属于一个商标所有人，不能分拆转让；同时联合商标中只要有一个商标被使用，即可视为全体联合商标被使用，因此，联合商标中未被使用的商标不受“连续三年停止使用的”有可能被撤销该商标的限制。

防御商标是指较为知名的商标所有人在该注册商标核定使用的商品（服务）或类似商品（服务）以外的其他不同类别的商品或服务上注册的若干相同商标，为防止他人在这些类别的商品或服务上注册使用相同的商标。原商标为主商标，其余为防御商标。

根据商标法，商标专用权的范围是受到严格限制的，它不涉及非类似的商品或服务。从本质上讲，商标侵权行为一般仅限于有竞争关系的同一种或类似的商品和服务，在无竞争关系的非类似商品或者服务上使用与他人商标相同或相似的商标，一般不构成侵权。因此，在现实的市场活动中，常常有人有意或无意地利用了这一点，他们不想自己付出辛勤努力，而是随意复制或模仿他人具有独创性的商标，尤其是具有一定知名度的商标，使用或注册在与该商标核定使用的商品或服务之外的其他类别的商品或服务上，企图借用知名商标品牌多年苦心经营而形成的影响力“搭便车”，以欺骗公众，获取不正当竞争的利益。这种“克隆”商标的现象是在当今市场活动中较普遍存在的，它极有可能引起消费者对商品出处或企业的混淆，严重影响商标权所有人的商标信誉或企业信誉。

对于这一类商标被不正当“克隆”的现象，对此相关法律法规已有相应的规定和特殊保护措施，但是它仅限于“被公众所熟知”的知名度较高、显著性较强的商标，而且其“知名度和显著性”程度的具体定性除了已被国家或地方工商行政管理机关认定的“驰名商标”外，由工商行政管理机关针对个案的实际情况，综合因素判定。而对于知名度尚不高或尚无法确定的商标来说，则无法保护。

因此，注册防御商标对一些商标具有独创性、宣传广告投入巨大、力求创立驰名品牌形象的企业来说，具有实质性的战略意义。

根据笔者的多年经验，运用联合商标需要注意以下事项：

(1) 联合商标主体亦是正商标所有人，两者应当一致。联合商标核定使用的商品与正商标核定使用的商品相同或类似。并且，联合商标应与正商标在音、形、义上相近似。

(2) 联合商标注册不是为了使用，而是形成正商标的防护围墙。

(3) 联合商标可以分别获得注册，但其中每一个商标都不得单独转让，必须整个联合商标一同转让，联合商标使用许可也如此。

(4) 联合商标中每一个商标都具有相对独立性，其中一个商标被撤销或被终止，不影响其他商标的有效力。

注册联合商标的现实意义如下：注册联合商标的目的，相对于正商标而言，是为了防止自己的正商标(一般为名牌商标）被他人影射仿冒。

联合商标的出现，是因为商标的近似或商品的类似往往不很明确，也没有严格的判断认定标准，而且随着时间、地点的不同而变化，因此难以防止他人在类似商品上注册或使用近似的商标，而一旦出现这种情况，要取消他人的注册或禁止他人的使用往往是很困难的。所以，人们通过注册联合商标来防止出现这种情况，起到一种预防的作用。有的也是因为出现了利用近似商标侵权的情况，才迫使厂家注册联合商标。

除此之外，注册联合商标的目的，也在于适应企业发展和新产品开发的需要。对于有实力的企业，产品种类繁多，新产品不断涌现，旧产品不断更新换代，因而在业务往来时需要在与其商品类似的新商品上，使用与原注册商标有一定近似的商标，既可以利用老牌子促销，又展示了新产品的风采，此可谓一举多得。联合商标恰恰能满足这种需要。

笔者建议，在注册防御性商标时应该注意以下问题：

（1）商标构成要素是否具备独特的显著特征。由于防御商标需要在多个不同的非类似商品或服务的类别中进行注册，如果商标缺乏独特的显著特征或者显著特征较弱，则很有可能在某些类别的商品或服务中已有相同或相近似的商标注册在先而无法注册，即使获准注册，也极有可能因自身先天不足，而无法对主商标起到防御保护作用。

(2) 商标法规定“连续三年停止使用的”商标有面临被撤销的可能。注册防御商标的目的，并非是要立即使用这些商标，而是限制他人在某些其他相关类别的商品或服务上使用或注册与主商标(被防御商标)相同或相近似的商标，起到一定的防御保护作用，同时又能为未来企业发展预留“伏笔”。所以，注册防御商标时必须考虑到如何“使用”商标，否则就失去其存在的意义了。从实质上说，商标法所指的“使用”涵盖的范围非常广。事实上，除了商标注册人已不存在或商标已被废弃的情况外，一个有用途的商标因“未使用”而被国家工商行政管理局商标局撤销的先例是极少的。

第四节 如果商标注册被拒该怎么办？

商标注册被拒是比较频发的事情，原因主要为以下几个：

一、商标查询的盲区

商标在申请前要办理查询，无论是申请人委托代理机构查询，还是自行上国家商标局官方网站查询，所检索到的数据并不是截至你查询日当天的数据，也就是商标查询数据存在盲区。盲区内的数据，一部分是正在申请递交中的申请数据，另一部分是已向国家商标局递交但还未被商标局及时录入查询数据库的数据；其他方面数据是商标评审、国际商标延伸优先权等。正因为以上三方面数据的空缺，就使得商标申请人通过精心查询后的结论也不完全准确。虽然拟申请商标与盲区数据冲突的这种概率非常小，但盲区的存在和它的不可避免，使得商标能否成功注册就存在不确定性了。

二、商标审查员自由裁量权较大，随意性较强

商标审查是通过商标审查员人为的分析和判断的，而每个商标审查员的知识面、考虑问题的角度并不完全相同，这就有可能出现：同一个商标在两个不同的审查员手中会出现截然不同的审查结果。当然，对于商标的审查，国家商标局制定了《商标审查标准》对审查员加以指导和约束，防止错驳、误驳现象的发生。但《商标审查标准》只是列举了一些比较常见的审查案例供审查员学习和参考，并不可能把所有的案例都列入《商标审查标准》且作一一说明；再者，商标的审查实行的是“个案审查”。考虑到每个商标的知名度、显著性并不完全一样，所以就算两个完全类似的案例也可能会产生两种截然不同的审查结果。

三、无法预知的商标异议程序

申请商标通过商标局的审查后，继而进入三个月的商标公告期，公告期也称为异议期。任何人、任何企业如对该商标的申请存在反对意见的，可以在三个月内向国家商标局提出异议申请。国家商标局在收到异议人提出的异议申请后，该申请商标就进入了异议程序。国家商标局会根据异议人提出的异议理由并结合实际情况，再对申请商标作出是否核准注册的裁定。

因此，任何一个商标的申请，在《商标注册证书》未获得前，其注册失败的风险是客观存在的。并且，商标从申请到注册拿证的周期比较长，所以商标申请人在申请商标前，应该了解清楚商标申请的程序，并在生产经营活动中提前做些准备和应对措施，以免因盲目的使用和宣传造成不可挽回的损失。

根据笔者的执业经验，大部分商标注册被拒的原因都是因为与之前的注册商标相同或相近似。笔者建议的处理步骤如下：

1. 核对商标状态信息

对于涉及在先商标的相对驳回理由，在收到驳回通知的时候，首先应核对《驳回通知》中的引证商标信息。核对内容主要包括：引证商标状态、指定商品是否类似等。对于引证商标的状态，首先要和中国商标网上的引证商标状态信息进行核对。如果发现引证商标已经无效或者在相冲突的商品和服务上已经部分无效，则在复审中通过提交引证商标的无效信息就很容易克服障碍。其次，申请人还需结合《类似商品和服务区分表》核对引证商标指定商品或服务是否类似。对于和申请商标指定商品或服务不类似的情形，则可以通过在复审程序中主张商品和服务不类似以克服障碍。

2. 对比申请商标和引证商标的近似程度

审查员在判断商标近似的时候，主要参考商标局编辑印发的《商标审查标准》。因此，申请人在收到《驳回通知》的时候需要基于《商标审查标准》综合分析和判断审查员驳回申请商标的法律依据和具体理由。同时判断，申请商标和引证商标的近似判断是否和《商标审查标准》所描述的具体内容基本一致，是否含有例外情况。如果确有例外情况，如首字母字形明显不同、含义明显不同、整体外观差别显著等，则可以通过主张上述差异并提交词典解释等证据以克服障碍。

3. 对于引证商标提交异议、无效、撤销

对于引证商标是恶意抢注申请商标的情况，如果引证商标尚未注册，则可以在引证商标初审公告后，依据《商标法》第

33条向商标局针对引证商标提起异议。如果上述引证商标已经注册或者该引证商标为不当注册，申请人可及时提交商标无效宣告申请。如果引证商标最终不予核准或者被宣告无效，则引证商标的障碍将被克服。

另外，由于中国目前闲置商标数量较多，很多引证商标注册人对于引证商标并没有实际使用或者很多商标注册人实际已经消亡。这些商标可以通过提交撤销连续三年停止使用注册商标申请（以下简称“撤三申请”）予以撤销。因此，撤三申请是常用的克服在先商标障碍的手段之一。申请人收到《驳回通知》后，应核对引证商标的注册时间是否已满三年。在判断时需要注意：对于曾经经历过异议或者异议复审程序的注册商标，需要在其注册公告日之后起算。对于国际注册商标，应在18个月审查期限期满后起算。如果引证商标注册确实已满三年，则需进一步通过实地调查或者互联网查询等方式，调查引证商标是否已经使用的情况。通过调查，如果确实没有发现引证商标被使用的话，申请人可以对于引证商标提交撤三申请。如果引证商标最终被撤销后，则不会构成申请商标的障碍。

4. 提交同意书或共存协议

如果申请商标和引证商标本身或者指定商品或者服务存

在一定差异，则申请人可以考虑和引证商标所有人进行协商，要求其出具同意申请商标注册和使用的《商标同意书》或者签署《商标共存协议》同意申请商标和引证商标共存。如果通过协商，引证商标所有人同意出具《商标同意书》或者签署《商标共存协议》的话，则《商标同意书》或者《商标共存协议》通常可以被主管机关采纳，并作为申请商标可以获得注册的依据。因此，作为克服障碍的手段之一，申请人可以尝试和引证商标注册人协商请求其出具《商标同意书》或者签署《商标共存协议》。协商出具《商标同意书》或者签署《商标共存协议》需要注意以下几点：

在协商之前，申请人须确保申请商标并没有进行使用或者并未构成商标侵权，否则会增加申请人被诉侵权的风险。

在实践中，提交的《同意书》和《共存协议》需要进行公证（国内当事人）或者公证认证（国外当事人）。因此，在协商中需要向引证商标注册人提出书面式要求。

在《同意书》和《共存协议》中应明确列出申请商标和引证商标的相关信息，例如：申请商标申请号、申请日期、指定使用商品以及引证商标注册号、注册日、指定商品等内容以增加申请商标驳回复审的成功率。

5. 协商商标转让

申请人也可以和引证商标所有人进行协商转让引证商标。如果引证商标所有人同意将该商标转让给申请人，双方可以向商标局提交转让申请。如果引证商标最终被核准转让，则引证商标的障碍将被克服。

第五节 商标要保持在使用状态，否则你会失去它！

根据《中华人民共和国商标法》第四十九条规定，注册商标没有正当理由连续三年不使用的，任何单位或者个人可以向商标局申请撤销该注册商标。

近年来，随着国家在战略层面上对知识产权的重视程度加深，以及竞争意识和市场推广等各种综合因素的影响，大家的商标保护意识普遍增强，撤销连续三年不使用（以下简称“撤三”）也开始逐年递增，慢慢进入大众视野！在本书稿完成之前的三年间，商标撤销申请量差不多翻了一倍。

什么人，在什么情况下会对他人的商标提出撤销连续三年不使用呢？

撤三申请是需要费用的，一件撤三算上代理费少则1 000～

2 000 元，多则好几千元，一般人不会和钱过不去，所以实践中基本上没有无缘无故的撤三，大多数是申请人为了扫除商标权利障碍提出撤三。

撤销，每年都在递增，未来将会更多，谁也无法保证你的商标不被他人提出撤销，那么商标权利人如何应对？

（1）商标成功注册之后，应该合理地运营商标。有效地将商标利用起来，如果超过三年不使用，他人就有权利对连续三年未使用的商标进行商标撤三申请。

（2）不管你对商标是否有规划，只要在三年内使用了该商标，别人就没有机会进行商标撤三。同时应该将使用商标的证据保留起来，以提防他人申请撤销。那么商标的使用即是将商标用在商品包装、交易文书、商标宣传、展览等商业活动上。

（3）保留证据。如果你的商标被他们提出商标撤三申请，那么你就需要提供证据证明你在三年之内使用过。不管是商标注册人还是商标被许可人对商标的使用都可以视为对该商标的使用。商标使用证据很多，比如说商品、包装、发票、交易凭证等多种证据相互佐证，形成有效证据链。

相信很多人，尤其商标权利人会有这样的疑问：商标撤销连续三年不使用是否合理？我们姑且不去讨论立法的合理性，存在即有其合理性，这也是敦促商标权利人使用商标，避免商标资料浪费和闲置的一种方式方法。

从程序上来说，商标局收到撤销申请后，经审查符合受理条件的，将向申请人发出撤销申请受理通知书，向商标注册人发出《关于提供注册商标使用证据的通知》。

那么在收到《关于提供注册商标使用证据的通知》后，及时专业地提供使用证据，就显得尤为重要。如果商标确实没有使用，需要提供没有对商标进行使用的正当理由，例如：

（1）不可抗力：地震、火灾以及其他不可抗力等理由；

（2）政府政策性限制；

（3）破产清算。

在商标撤三咨询中的常见问题。

1. 关于撤三后商标再注册的时间

新《商标法》第50条规定："注册商标被撤销、被宣告无效或者期满不再续展的，自撤销、宣告无效或者注销之日起一年内，商标局对与该商标相同或者近似的商标注册申请，不予核准。"

问：自撤销、注销之日起一年内不予核准的是指这一年内申请的商标还是指在这一年内被实质审查到的商标？

这个问题应该说很多人有关注过，也有很多人不知道明确答案。那么究竟是指申请日呢还是审查日呢？笔者的回答是：新《商标法》第五十条规定的是其他人提出商标注册申请的情形。自撤销、宣告无效或者注销之日起一年内不予核准指的是商标局对一年内审查到的相同或者近似的商标注册申请不予核准。

2. 关于商标撤三中怎么撤销商品或服务项目

问：咨询一下关于注册商标连续三年不使用撤销的问题。申请人请求撤销注册商标在部分核定使用服务上的注册，商标所有权人提供的使用证据不足或者未予答辩，会因此撤销该商标在所有核定使用服务上的注册还是仅撤销在部分核定使用服务上的注册？

笔者的回答是：实操中，我们接受委托申请通过"撤三"手段撤销别人商标的时候，首先要考虑是选择撤销该商标全部商品内容还是部分商品内容。申请时的选择决定商标局裁定的被撤销内容。

3. 关于提供的使用证据

提供哪些使用证据最有效力呢？笔者建议从商标使用的表现方式中寻找答案。

产品商标用于商品、商品包装或者容器以及商品交易文书上的具体表现方式包括：

（1）商标以任何方式直接使用在商品上。

（2）商标使用在商品外包装、容器、标签或附加标牌上等。

（3）商标使用在与商品销售有联系的交易文件资料上，包括产品说明、介绍手册、发票、销售协议、票据、收据、单据、商品进出口检疫证明、报关单等。

服务商标使用的具体表现方式包括：

（1）直接使用于服务：包括使用于服务介绍手册、服务场所装饰、招贴、菜单、登记证、价目表、入住表格、挂号卡、奖券、贸易标志、汇款单据、文具、信笺及其他配套用具用品等。

（2）使用于与服务有联系的文件资料，包括发票、发货单、纪念品、提供服务协议等。

商标用于广告宣传、展览上的具体表现方式包括：

在广播、电视、杂志、报纸及广告牌、邮寄广告等媒体或广告方式中为实际使用商标的商品或服务进行的广告宣传（报纸杂志应为经新闻出版部门批准发行的）。

在展览会、展示会使用商标，包括在展览会、展示会上提供使用该商标的印刷品以及其他资料、照片等（展览会、展示会应为各级政府有关管理部门批准举办的）。

需要提醒注意的是，在《商标公告》、法律文书、注册信息公布、新闻媒体报道中有关商标的使用不视为商业活动中的使用。商标的变更、转让和续展注册以及其他不具有商业意义上的使用都不能视为实际意义上的商标使用。

第六节　要规范使用商标，否则会有风险！

® 指的是注册商标，《商标法》有明确规定："商标注册人有权标明"注册商标"或者注册标记 ®，没有获准注册的商标如果标注 ®，便属于假冒注册商标，且有可能构成商标侵权。

™是英文 trademark 的两个首字母缩写，也是指的商标，但是这个没有法律含义和法律效力，它的含义在于向外界公示，我的使用行为属于"当作商标来使用"的，在一些商标案件中可以当作商标使用证据；可以留意一下的是，淘宝、天猫等网上平台，把商标分为 R 标和 TM 标，分别指代注册商标和申请中(仅仅受理未获得权利)的商标。

笔者建议，最好是在任何媒体广告宣传及产品包装上出现的注册商标都打上 ® 这个注册标志。更重要的是企业必须按照提交商标注册申请时的商标图样使用注册标记。商标的组成部分在使用的过程中不能缺少更不能自行变换其组成顺序，否则一经发现，国家商标局将以“自行改变其注册商标”撤销企业的注册商标地位。如某商标是文字及图形的结合，那么商标注册成功后，这个商标在使用中文字及图形的排列顺序不得再任意变换，其文字或者图形也不得单独使用注册标记。随意变换注册商标的排列顺序和单独使用注册商标的某一部分都不能作为注册商标，当然没有资格贴上注册标记。

将®符号标注在您的注册商标上，不仅是一个标记，更是一种保护！

商标的正确使用对于商标权人来说非常重要。在美国，商标的使用是获得商标权的前提。我国商标法虽未做出如此规定，但连续三年停止使用注册商标，也会构成商标撤销的理由。商标的正确使用能够保持商标区分商品或服务来源的最基本的功能，有助于商标潜在的第二含义的成长，能够有力反击侵权人的抗辩，使商标权人在商标侵权案中既可申请禁令救济又可要求损害赔偿。另外，商标的正确使用可以减少商标沦为商品通用名称而最终被放弃的概率，如Coke、Kleenex、Xerox，开始都是驰名商标，后来都是因为使用不当而变成该类商品的通用名称。最后，商标的正确使用可以减少由于不恰当的商标使用而造成与他人的商标产生混淆或联想的可能性，如 1994 年，“杉杉”西服已经在上海有较高的知名度，同年“彬彬”西服也开始生产，并且形成哪里有“杉杉”西服专卖店，哪里就有“彬彬”西服专卖店的景象。但“杉杉”西服公司对此置之不理以至于上海的消费者开始对这两个商标产生了严重的混淆和联想。所以，商标权人不仅要求他人能够正确使用其商标，而且自己也要正确使用自己的商标。

一、给自己的商标贴上标记

根据商标是否注册使用不同的标记。例如，美国商标法规定，使用在美国专利和商标局注册的商标，则应显示 ® 符号在商标的右上角；或使用短语“Registered，U. S. Patent and Trademark Office”或使用缩写“Reg. U. S. Pat. & Tm. Off”。如果商标尚未注册，则商品商标使用 TM 符号，服务商标使用 SM 符号。我国《商标法实施条例》第 37 条规定，使用注册商标，可以在商品、商品包装、说明书或者其他附着物上标明“注册商标”或者注册标记。注册标记包括 ® 或使用注册标记，应当标注在商标的右上角或者右下角。在美国，如果未注册的商标权人把其商标当注册商标使用是犯罪行为，会受到监禁或罚金的处罚。我国《商标法》第 48 条也规定：冒充注册商标，由地方工商行政管理部门予以制止，限期改正，并可以予以通报或者处以罚款。

二、始终将商标作为专有形容词使用

（1）商标是用来描述一个特定人物、地点或事物的形容词，一个商标就是一个形容词，每个标记都采用商标加“产品描述符”（比如一个名词）的格式表示。如 Microsoft ® 软件、RealAudio ® 格式、Real. com™指南、海尔 ® 电器。

（2）商标不应作为名词来使用，如果这样，会使商标沦为商品通用名称而最终被放弃。如“吉普”开始是驰名商标，其注册商品是越野车。当越野车的销售商和消费者把“吉普”与越野车等同使用，而“吉普”商标的所有者置之不理时，慢慢地“吉普”就沦为越野车的代名词，丧失显著性。“氟利昂”也曾是驰名商标，现沦为氟制冷剂的通用名称。又如在编写字典时，如果收录他人商标作为词条时，就不能把商标当名词来使用，如“柯达 ，一种胶卷的名字”，这种解释行为就是错误的。

（3）如果是英文文字商标，不能以复数形式使用。

（4）商标也不能用作动词。

三、区别突出自己的商标

（1）将商标与其他单词或它们所修饰的名词分开。通常的做法是正确地大写产品名称，并为商标指定适当的符号 ®

或 TM。也可使用下划线、斜体、大写或粗体。

(2) 在他人的产品名称和公司名称与商标权人的商标同时出现时，他人的产品名称和公司名称必须比商标权人的商标更显著，以使商标权人的商标明显地区别于他人产品名称。这是非常重要的，可以防止形成任何他人的产品是由商标权人生产、赞助、认可或支持的暗示。

(3) 将商标置于显著、突出、核心位置，给消费者以强烈的视觉冲击力，使其在众多同类商品中很快搜索到自己要买的商品，这样消费者才对商标印象深刻。

(4) 严格依照商标法的规定使用注册商标。请勿改动商标，使用商标时，千万不要改变拼写、添加或删除连字符，或者使用缩写商标；不得擅自扩大商品使用范围；在发生注册人名义或地址变更、商标使用许可或转让、商标期限届满等权利状况发生变动时应该及时办理变更注册手续。

(5) 使用脚注正确标注商标。在包装或说明书上出现商标时，要使用脚注正确标注商标。

四、把商标贴附在商品和服务上

商标法保护的客体是商标的区分功能，离开了它所标记的产品或服务，商标无价值可言。更确切地说，不与特定的商品或服务相联系，就无所谓“商标”。说到底，商标反映的是一种利益关系，这种利益是通过在市场上把标记与商品或服务不断地联系在一起而产生的。商品商标可以贴附在商品上、容器上、包装上或贴附在标签上，然后再贴附商品上。服务商标可以使用在提供服务标识上、服务广告上、信笺上、发票上、工作服上或供货单上。

五、谨慎许可

商标的使用许可要慎之又慎。如果商标权人许可他人毫无限制地使用其商标，对被许可人的产品或服务质量不做任何控制；或许可给商誉不好的被许可人使用，对许可的产品或服务的类别不做任何限制，将会对商标的信誉造成极大的伤害。因为商标具有质量及信誉保证功能，社会公众往往根据商标来选择商品或服务。倘若商标权人良好的商标信誉与被许可人的商品或服务质量不一致，破坏了商标具有的质量及信誉保证功能，欺骗了社会公众，使他们对商品或服务来源产生混淆，不仅损害了许可人和被许可人的权益，也损害了消费者的权益。另一方面，如果商标权人对被许可人的产品或服务的类别不做任何限制，则商标权人的商标也可能丧失区分功能。举个例子，如果允许“劳斯莱斯”餐馆、“劳斯莱斯”裤子、“劳斯莱斯”糖果等“劳斯莱斯”品牌存在的话，不出 10 年“劳斯莱斯”商标就不再是全球著名商标。其实这是一个逐渐稀释和冲淡的过程，可能会使商标丧失显著性，正如蜜蜂蜇人一次，不会致命，但长此以往，也会危及人的生命。

总之，商标的生命周期就在于在商业中正确地使用商标，正确使用是商标存在的基本形态，就像运动是物质存在的基本形态一样。

《商标法》第 49 条规定，商标注册人在使用注册商标的过程中，自行改变注册商标、注册人名义、地址或者其他注册事项的，由地方工商行政管理部门责令限期改正；期满不改正的，由商标局撤销其注册商标。

我们以“娃哈哈”商标举例，如图 6-1 所示，前者为注册商标样式，而实际使用是以后者样式，而后者使用的样式并非为最初申请注册的样式，就构成了商标的不规范和不正确使用。

（注册商标样式）　（实际使用商标样式）

图 6-1　商标规范使用示例

也就是说，商标实际使用的样式要和最初申请注册的样式应该保持一致，不能在实际使用过程中擅自改变商标本来样式。如果改变，轻者责令限期改正，严重的将会被商标局撤销注册商标。

可我们在日常的实际使用过程中很多商标所有人都会根据自己的发展需求对商标的使用进行调整变化，这样其实是对自身商标权利的忽视和怠慢。一旦因商标未正确规范使用而产生问题，将有可能带来巨大的经济损失和伤害。所谓经济损失是指，在使用过程中的经济和物力投入，如果因商标的使用不当而被限期改正或者撤销，那前期的投入就会浪费，因此造成巨大损失。

而商标的不正确和不规范使用还会导致其他一系列的问题，《商标法》规定，注册商标成为其核定使用的商品的通用名称或者没有正当理由连续三年不使用的，任何单位或者个人可以向商标局申请撤销该注册商标。这里所说的连续三年不使用对于我们来说已不再陌生，笔者在之前的章节中已经反复说明。在这里我想说的三年连续不使用，不光是商标三年真的没有使用会被撤销，往往也会因为商标所有人自行擅自改变注册商标而被他人提出撤三申请，却不能提供与注册商标相符的使用证据而被撤销。从商标使用证据的认定上来看，商标局还是会以注册商标原有的样式为基础的，如果擅自改变使用本身就已有违法规，加之原有商标和实际使用商标的样式不相符，商标局有理由认定注册商标没有使用，也就是说商标所有人擅自改变注册商标的样式即便经过广泛使用并能提供大量的使用证据,也有可能因为商标前后的不一致和不符而被否定,如果因为自行改变已经广泛使用的商标而被撤销,那就得不偿失了。

商标的使用规范包括三个方面:一是商标使用的主体须合法;二是使用的商标须合法;三是使用商标的商品或服务项目名称、范围须合法。缺少任何一个要件,都构成商标不规范使用行为。

商标不规范使用违背公平竞争的准则和诚实信用的原则,违背《商标法》保护商标专用权的宗旨。商标不规范使用行为既包括一般不规范使用行为,也包括严重不规范使用行为即商标侵权行为。

商标的不规范行为包括:

(1) 企业进行分立、合并、转制或更名等形态变化时,其商标权主体已经相应发生变化,却没有办理商标转让或更名的行为,即商标权主体“当变不变”;

(2) 企业形态没有发生变化,却自行改变了商标注册人的名义的行为,即商标权主体“不当变而变”;

(3) 自行将注册商标转让给他人并以他人名义进行使用

的行为；

（4）自行改变注册商标的文字、图形、颜色或其组合但仍然加注注册商标标记的行为；

（5）商标注册有效期满，原注册人没有申请续展仍然继续使用并加注注册商标标记的行为；

（6）纯视觉意义的注册商标（如熊猫图形商标）在实际使用中混淆纯听觉的意义注册商标（如熊猫文字商标）的行为，或者纯听觉意义的注册商标（如熊猫文字商标）在实际使用中混淆纯视觉意义的注册商标（如熊猫图形商标）并造成消费者误认的行为；

（7）超出核定使用的商品或服务范围使用其注册商标并仍然加注注册商标标记的行为；

（8）擅自改变核定使用的商品或服务项目名称，或者实际使用的商品名称模糊、概念含混；

（9）将他人注册商标作为商品名称的一部分使用的行为；

（10）在强制注册的商品上使用未注册商标的行为。

笔者在执业过程中发现，商标的不正确不规范使用占比最高，这应该引起大家的重视。商标核准注册后，所有人在实际使用过程中因自己的发展和需求有更换或者改变已注册商标的样式的意向时，不妨考虑再重新申请注册一次新样式的商标，如果商标主体内容无变化只是样式或者字体形式改变，照样可以顺利获得权利，这样在实际的使用过程中就不会存在诸多上述的问题，也不会因一时擅自改变商标而引起不必要的麻烦。

第七章　如何处理商标纠纷

第一节　商标侵权的判断标准：引起消费者混淆

商标的混淆误认问题是商标执法中最常见也是最不容易把握的问题，因为由商标的近似而产生的混淆误认，通常是针对部分消费者而言，就执法者来说，对混淆误认的判断也难免带有主观色彩。

未经商标注册人的许可，在同一种商品上使用与其注册商标近似的商标，或者在类似商品上使用与其注册商标相同或者近似的商标，容易导致混淆的，属于侵犯注册商标专用权的行为。

这个规定看着很简单，但是最后写的“容易导致混淆的”中的“混淆”却不好理解。首先混淆这个词就充满很多不确定性，而且在实践中还出现了“反向混淆”“初始兴趣混淆”等晦涩概念，这样我们就更难区分开各种混淆的含义。在理论和实践中一般根据消费者在购买商品或者是接受服务的时候所需要经历的过程，这个因识别商标所导致的商标混淆，我们可以将其区分为“售前混淆”“售中混淆”和“售后混淆”三类。

售前混淆又称“初始关注混淆”或“初始兴趣混淆”，是指使用侵权商标，使得消费者在消费前对商标产生混淆，造成消费者注意力和购买力转移到侵权商标指示的商品或服务上。就拿最普通的例子来说，我们在路上远远看到 KFC，以为那就是肯德基，很开心地想去吃，结果走近一看却是 MFC，是山寨肯德基。这就是所谓售前混淆。

售中混淆容易理解，即在销售的过程中消费者容易误认产品或服务来源。

售后混淆又称为“旁观者混淆”，消费者在销售过程中并没有混淆，但是销售后可能引起相关公众对该商品或服务的认知错误，同样也产生混淆。

在商标法中，被告要构成商标混淆侵权，商标权人需要证明他人在相同或类似商品上使用了与商标权人商标相同或相似的标识，极有可能造成消费者混淆，亦即证明消费者存在混淆可能性。商标权人并不需要证明消费者发生了实际混淆。然而，如果商标权人证明相关消费者在市场中发生了实际混淆，则更能说服法官相信相关消费者存在混淆可能性。因此，在商标混淆侵权的判定中，实际混淆是可以考量的重要因素。

所谓实际混淆，是指是否有任何人因为系争双方商标的相似性而在事实上对被告商品的来源发生了混淆。在实务之中，商标权人为了胜诉，往往会向法院举证证明消费者在市场之中发生了实际混淆，以使法院相信，既然有消费者已经在市场中发生了混淆，那么相关消费者当然存在着混淆的可能性。实际上，很多法院对实际混淆的证据也颇为重视，认为实际混淆的证据"最具说服力"，是"最好的证据"，"也许是混淆可能性判定中最重要的因素"。尽管如此，笔者仍然认为在商标侵权诉讼中，即便有证据证明发生了实际混淆，也并非决定性的，实际混淆的证据仍需要具体情况具体分析。除了对实际混淆的地位存在争议外，对于实际混淆在商标混淆侵权判定中的运用，不同实际混淆证据在侵权判定中的效力，不同的法院也是意见不同。

一、实际混淆与商标混淆侵权判定标准

在商标混淆侵权的判定中，消费者是否存在混淆可能性无疑是最为重要的证据。可能导致消费者对商品或服务来源产生混淆，是构成商标侵权的必要条件，也是商标法所要防范和制止的行为。商标混淆侵权判定的标准是混淆可能性，而非实际混淆。

混淆可能性是商标审查的基本尺度，也是侵权认定的标准。商标权人能否在商标侵权之诉中胜诉，主要是看被告的

行为是否极有可能导致消费者混淆。因此，商标法并不要求商标权人在商标侵权之诉中举证证明消费者发生了实际混淆，而只需要证明消费者存在混淆可能性，至于现实中消费者是否真的发生了混淆，法院并不去探究。

实际上，商标法舍弃实际混淆，而将混淆可能性作为商标侵权的判定标准，根本的原因在于商标侵权判定的特殊性。商标侵权，要以消费者是否发生混淆为主要的判断依据。如果消费者能够辨别出不同商标的来源，则不存在侵权人欺骗消费者的可能。被告的行为没有造成商标法上的损害后果，商标侵权就不会存在。但是另一方面，混淆是对消费者面对商标时的心理状态的描述。消费者混淆需要探究消费者对商标的心理认知，看消费者是否对两个相似的商标标示的商品的来源或关联关系发生错误的认识。在商标侵权诉讼中，商标权人很难举证证明消费者在市场中实际已经发生了混淆。假如商标法将实际混淆确定为商标侵权的判定标准，那么商标权人就很难获得法律的有效救济。

二、实际混淆在商标混淆侵权判定中的地位

实际混淆尽管没有成为商标混淆侵权的判定标准，但其依然在混淆侵权判定中发挥着一定的作用。然而，对于实际混淆在混淆侵权判定中的地位和作用，人们还存在分歧。

（1）实际混淆地位的不同观点

尽管实际混淆并不是商标混淆侵权的判定标准，但是毫无疑问，如果原告能够在诉讼中证明消费者在购物中发生了实际混淆，就很有可能使法官相信，被告的行为确实极有可能造成消费者混淆。有的法院就特别青睐实际混淆的证据，认为这种证据既然表明消费者已经发生了混淆，混淆可能性也就无须再证明。

不仅有观点认为实际混淆证据能够证明混淆可能性的存在，而且有法院认为，如果商标权人无法举出实际混淆的证据，则恰恰说明消费者不存在混淆可能性，被告的行为就不构成侵权。这从反面更加强了实际混淆证据的效力。

实际上，这种观点有其合理的一面。如果系争商标在市场上共同存在一段时间之后，消费者依然没有发生混淆误认，就说明消费者已经能够正常地区分两个商标，被告也就不存在侵权的问题。

根据商标法显著性的基本理论，商标可以分为臆造商标、随意商标、暗示商标、描述性词汇和通用名称。其中，臆造商标、随意商标和暗示商标具有固有显著性，商标权人不必证明其商标获得了第二含义，而描述性词汇不具有固有显著性，商标权人要主张其商标权，需要首先证明该描述性词汇已经具备了第二含义，消费者将其识别为商标。而在侵权诉讼之中，如果商标权人的商标是描述性词汇，商标权人又能够举出实际混淆的证据，则表明其商标具备了显著性，获得了第二含义。这是因为，只有商标权人的描述性标识具备了显著性，获得了第二含义，消费者才将之视为商标，而只有商标权人的标识成为了商标，才可能遭致侵权人的仿冒，导致消费者混淆。因此，当商标权人能够举证证明市场中的消费者已经发生了实际混淆，就恰恰说明了其商标已经成为侵权人牟取非法利益的对象。

笔者认为，实际混淆在混淆可能性的判定中居于重要的地位，甚至能够决定混淆可能性的成立。同样，如果商标权人无法举证证明实际混淆的存在，往往法院会推定消费者混淆可能性不存在，被诉侵权人也就不构成商标侵权。此外，实际混淆还是商标权人证明商标获得第二含义的有力证据。

（2）实际混淆的地位界定

对于实际混淆在混淆侵权判定中究竟起到何种作用，不能依靠直觉进行想当然的判断，而必须结合实际案件，对实际混淆证据予以客观对待。笔者认为，对于实际混淆的定位需要关注消费者对商标的心理认知状态，亦即从消费者的角度去考虑市场中实际发生的混淆是否预示着消费者混淆可能性的存在。

消费者是理解商标法的关键。商标法中的重要范畴如显著性、混淆、淡化等,都与消费者对商标的心理认知有关。从商标的生成和商标的显著性来看,只有消费者将某一符号视为标示特定商品来源的标志时,商标才开始存在,这一符号才开始具有真正的显著性;从商标的混淆来看,只有消费者对两个相似的商标标示的商品的来源发生误认时,商标的混淆才发生。

原告如果在诉讼中提出了消费者实际混淆的证据,姑且不论该实际混淆证据的数量和消费者混淆的程度,只要法院核实了原告实际混淆证据的真实性,亦即消费者的实际混淆证据具备了证据的基本要求,这实际上就表明,市场中确实有消费者因为被告的行为而发生了认知上的错误,则消费者混淆可能性就有可能是存在的。正是基于这一点,很多法院在诉讼中才对实际混淆证据青睐有加,甚至有法院会认为就算是少量的个别的实际混淆的证据也足以说明消费者极有可能发生混淆。可见,实际混淆证据在混淆可能性的判定中具有一定的重要性,它在一定程度上反映出消费者认知的状态。

如果原告在商标诉讼中无法提出实际混淆的证据,应当如何判定混淆的可能性呢?

消费者实际混淆的证据，既可能表明市场中消费者存在混淆可能性，也可能因为不符合混淆可能性的要求，不能代表系争商标所涉及的消费者群体的认知状况，无法证明混淆可能性的存在。同样，即便原告在诉讼中无法提出实际混淆的证据，也不一定就表明，市场中的消费者不可能对系争商标发生混淆。那种认为原告不能够在诉讼中提出实际混淆的证据，就表明了市场中不可能发生混淆的观点过于绝对化。实际上，原告在诉讼中提不出实际混淆的证据，可能有各种原因，并不表明市场中的消费者不会发生混淆。

首先，当系争商标所标示的商品价格较为低廉时，消费者通常会施加较低的注意程度，这就难免对商品的来源或关联关系发生混淆，而发生混淆后由于商品的价格较低，消费者也可能不会在意或意识不到，或者即便知道了也不会去联系商标权人或向有关部门投诉，这样商标权人就很难获得消费者实际混淆的证据。

其次，当原告和被告的商品在市场上共同存在的时间较短，或者被告的商品与原告的商品并不在同一个销售渠道销售，消费者也可能由于被告商品并未大量地在市场上销售而没有接触到被告的商品，不会发生任何实际的混淆。这时在诉讼中要求原告提出实际混淆的证据就是勉为其难。

最后，即便原告和被告的商品在市场中共同存在了很长一段时间，消费者能够接触到原告和被告的商品，消费者也可能在发生混淆之后没有向商标权人或有关部门进行投诉，甚至可能没有意识到自己发生了混淆，在这种情况下，商标权人也很难收集到消费者发生实际混淆的证据。可见，对商标权人无法提出实际混淆的证据，要结合具体的案情进行分析，不可以依此直接推断市场中不存在消费者混淆可能性。原则上，商标法并不要求商标权人提出实际混淆的证据，当然也就不能够从商标权人无法提出实际混淆证据的情况直接推导出混淆可能性不存在。实际上，很多法院确认商标权人无法提出实际混淆证据这种情况之后，一般都会结合原被告商品共存于市场中的时间、原被告商品的价格等因素去判定，考察实际混淆证据的缺乏是否是对混淆可能性不存在的有力证明。如果原被告共存于市场中的时间足够长，消费者还没有发生实际的混淆，就可能暗示消费者已经正确地区分了原被告的商标，不容易对系争商标发生混淆。

关于实际混淆证据的存在是否能够说明原告的商标获得了第二含义，也要结合具体的案情去判定。实际混淆证据的存在，并不能直接推定出消费者混淆可能性的存在。法院还会结合具体的案情对实际混淆证据在混淆可能性判定方面的证明力进行考察。同理，实际混淆的证据也无法直接推定原告的商标获得了第二含义，法院也需要结合具体的案情对实际混淆的证据进行考察。如果有消费者确实发生了混淆，但这种混淆是零星的、个别的，或者是基于消费者自身的疏忽，这就无法代表相关消费者群体对系争商标的认知状况，不能表明相关消费者都会将原告的标识视为商标，表明原告商标获得了第二含义。反之，如果双方的商标在市场上共存了足够长的时间，消费者实际混淆的证据也并非零星的、个别的现象，这就可以说明，原告的商标获得了第二含义。

还有一类实际混淆的证据比较特别，这就是消费者调查所获得的消费者混淆证据。原告为了证明市场中的消费者会发生混淆，可能会采取消费者调查的方式，将消费者在调查中所发生的混淆作为实际混淆的证据。实际上，消费者调查并不是真正意义上的实际混淆证据，它仅仅是调查者模拟真实的市场环境，对消费者所进行的访谈和提问，它并不代表消费者在真正的市场环境中就一定会发生混淆。因此，原则上法院不应将消费者调查证据作为实际混淆的证据。但是，法院可以将消费者调查证据作为判定消费者混淆可能性的考量因素之一。法院在对待这类证据时，主要还是要审查原告所实施的消费者调查是否符合调查证据的有关要求，是否能够真实地反映出市场中相关消费者的认知状况。

第二节　是谁先使用商标？

虽然中国采取的是先申请原则，即谁先申请商标便由谁取得商标权，但是在先使用的却拥有不正当竞争权及原有范围内的在先使用权，从而对真正的商标权人造成冲击。

一方面，如果在先使用的商标知名度达到“驰名商标”的标准，则可以将在先申请的商标权夺回；另一方面，在先使用的商标如果为在先使用人的字号或域名，则在先使用人可以通过不正当竞争法的支持也能将商标权夺回。

因此，在商标纠纷案件中，是谁先使用商标是案件的重要焦点之一。

第三节　未注册商标的权利行使

情形一：你的未注册商标与别人的注册商标发生冲突

根据笔者的经验，如果未注册商标没有达到驰名商标的程度，则未注册商标无法阻止别人的注册商标行使商标权。

如果您的未注册商标使用在后，建议放弃你的商标。而如果您的未注册商标在别人的未注册商标之前，则可以在原有范围内继续使用未注册商标。

商标法为什么要保护在先使用人的利益？

商标是识别特定经营者提供的商品和服务区别于其他经营者提供的商品和服务的标志。见标如见人，见标如见物，通过商标识别经营者，简化了消费者选购商品和服务的程序，降低了选购的成本，提高了选购的效率，也就是说，不同的商标，凝聚着消费者对经营者的不同信任和信用，因此，不同的商标就具有了不同的经济价值，该经济价值的产生是基于经营者对商标的使用而产生，也是因使用而使商标价值得到体现，即商标的价值是因使用而产生，不是因注册而产生。所谓在先使用人，就是因其对商标的使用而使商标累积了经济价值，因此，保护在先使用人的在先使用权实际就是对商标使用人创造的商标价值的保护，符合公平和诚实信用原则，是一种对在先使用人劳动成果的认可，也是对在先使用人在注册商标权人取得注册商标专用权前已经存在的自然权利的保护。

商标法如何在保护在先使用人的利益和保护注册商标人的利益中寻求平衡？

我国商标法规定商标只有通过注册才能获得商标专用权，亦即注册商标权人享有注册商标的专用权，有权排除他人使用与自己相同或者近似的商标，从而保证自己的商品或者服务不因标识而与他人的商品或者服务相混淆。

商标法保护在先使用人的规则就是在商标注册权人申请注册前已经使用了相同或者相近似的并有一定影响的商标的使用人，可以在原来的范围内继续使用该商标，该使用不属于侵犯注册商标权人的侵权行为，也就是说，在先使用人有权合理使用自己已经使用但被他人注册的相同或近似的商标。但合理使用必须有两个条件，一是在商标申请注册前使用，二是必须在使用范围内有一定的影响。(《商标法》规定："商标注册人申请商标注册前，他人已经在同一种商品或者类似商品上先于商标注册人使用与注册商标相同或者近似并有一定影响的商标的，注册商标专用权人无权禁止该使用人在原使用范围内继续使用该商标，但可以要求其附加适当区别标识。")

注册商标权人享有商标的专用权是商标使用的一般原则，商标注册是商标权人申请保护其商标权利的公告和宣示，因此，他人必须尊重注册权人对注册商标的专用权，从而有效地维护商标使用的秩序，保护商标权利人的合法权益。但是，在保护商标权利人商标专用权的同时，正如我们前面分析的，该权利的保护不得损害既存的其他合法权利，否则，法律就在鼓励欺诈即恶意抢注和破坏既有的权利秩序。而在先权利人，其本可以在使用商标之前或者使用的同时申请商标注册而保护自己对商标的独享权利，但其没有很好地维护自己的商标权益而让他人先申请注册了与自己相同或者相似的商标，而且在商标权人申请商标注册的过程中，在先使用人还有多次补救的机会，如对申请人的商标的异议，以及在商标权人获得商标的一定时间内的撤销权，但其都没有很好地行使，这样，他人获得了商标专用权，其就要为自己的过失承担相应的后果，这就是其只能在原有范围内继续使用原来的商品或服务标识，而不能扩大使用范围。

为了更好地保护注册商标权人的专用权，注册商标权人有权要求在先使用人对其使用的商标另加识别标识，以增加对在先使用人的商标与注册商标的区别，从而减少双方在商标权利上的冲突。

什么是商标在先使用人的原有使用范围？

根据前面的分析，在先使用权人的在先使用权保护是商标权人的商标专用权保护的例外，即是合理地对商标专用权的限制,其保护的只是在先使用人既存的商标利益,商标权的增量利益应该属于专用权人的,即在整个商标专用权的利益中划出一块在先使用权人原来既存的那部分利益,这样使用范围的限制可从以下几方面考虑:

一是只能在原来的商品或服务上使用,不得扩大使用的类别和范围,比如,扩大使用在类似的商品和服务上。

二是不得改变原来使用的商标的图形、文字、色彩、结构、书写方式等内容,但以同他人注册商标相区别为目的而进行的改变除外。

三是商标先用人只能在原有生产规模和销售区域内使用,不可进一步拓展市场规模和使用地域,从而挤压并侵占商标权人的市场利益。

但是笔者认为,对于构成商标在先使用权与注册商标专用权冲突的,如果通过添加识别标志而不致混淆时,则不构成商标权利冲突了,此时在先使用权人可以不受原使用范围继续使用的约束,所以,相同或者近似的商标在先使用权人在不使消费者产生混淆的情况下,不必过分担心自己的业务发展会受到他人注册商标的致命约束。

情形二:你的未注册商标与别人的未注册商标发生冲突

根据笔者的经验,法院在这种案件中的态度是,哪一方在先使用商标，商标权便归属哪一方。因此，需要保留以下证据以便日后能够在争议中获胜：

（1）判断两个商标对相应的消费者误认的可能性；

（2）保留好证明自己在先使用商标并且自己的商标有一定的影响的证据，一般来说，商标的使用证据具体集中于：

① 商标用于商品、商品包装、容器及相关交易文书上（如标牌、产品说明、手册、销售协议、票据等）；

② 服务商标使用证据表现方式包括服务场所装饰、菜单、招贴、价目表、文件资料、服务协议等；

③ 用于广告宣传证据的表现形式包括广播、电视、杂志、报纸及广告牌等媒体广告宣传、展会资料、照片、主管部门批准文件等。

情形三：你的注册商标与别人的注册商标发生冲突

根据笔者的经验，法院在这种案件中的态度是，哪一方在先申请商标，商标权便归属哪一方。

如果对您有利，最理想的情况是将别人已经注册的商标撤销或无效。

商标撤销有两种情况：一是在争议过程被撤销，二是在使用过程中被撤销。

一、在争议过程中被撤销

争议撤销是指商标获得注册后，因为某些法定的原因，被提起争议，致使该商标被撤销，不再享有商标专用权。

争议撤销又有两种情况，一是不当注册，二是恶意注册。

使用如下 13 种情形的标识作为注册商标属于不当注册：

（1）同我国国家名称、国旗、国徽、军旗、勋章相同或者近似的，以及同中央国家机关所在地特定地点的名称或者标志性建筑物的名称、图形相同的；

（2）同外国的国家名称、国旗、国徽、军旗相同或者近似的；

（3）同政府间国际组织的名称、旗帜、徽记相同或者近似的；

（4）与表明实施控制、予以保证的官方标识、检验印记相同或者近似的；

（5）同“红十字”“红新月”的名称、标识相同或者近似的；

（6）带有民族歧视性的；

（7）夸大宣传并带有欺骗性的；

（8）有害于社会主义道德风尚或者有其他不良影响的；

（9）县级以上行政区划的地名或者公众知晓的外国地名；

（10）仅有本商品的通用名称、图形、型号的；

(11) 仅仅直接表示商品的质量、主要原料、功能、用途、重量、数量及其他特点的；

(12) 缺乏显著特征的；

(13) 使用不当的三维标识。

以下情形则属于恶意注册：

(1) 申请人利用与他人同行的关系。中小型企业最容易成为被抢注的对象。因为中小型企业在向市场推出自己的产品时，往往并不是先注册商标再推出产品，更多的是当自己的产品有一定影响后才注册商标。

(2) 利用与他人曾经合作过的背景。作为合作者，他们是最清楚被抢注人的商标使用情况的，有的在合作期间，偷偷地把合作者的商标注册为自己所有，有的则是在合作结束后，将合作者的商标抢先注册。

(3) 同一区域内了解内情的其他人。利用其不同的条件和自有的优势，如管理者、法律顾问、记者、商标代理人等，在进行新闻采访或进行管理等工作过程中了解到经营者商标使用的情况，并能预见抢注该商标所带来的利益而抢先注册。

二、在使用过程中被撤销

主要由于不恰当的使用而撤销，根据法律规定不恰当的使用有以下情形：

（1）自行改变注册商标的。商标的使用以注册证书为准，如果是文字商标，注册证上的字体不得随意改变；如果是图形商标，图形不得改变；如果是文字加图形的组合商标，不得改变组合方式，也不得改变任何一个元素。一句话，就是怎样注册的就得怎样使用。但是商标注册人并不注意这些，文字商标改变字体，图形商标改变图形，组合商标改变组合方式，或者去掉某个元素，这些行为都被认为是自行改变注册商标，可能导致商标被撤销。

（2）自行改变注册商标的注册人名义、地址或者其他注册事项的。

案例："华联"商标自行改变注册地址被撤销案。

南京市华联商业总公司注册的"华联"商标被认定为驰名商标，深圳一家叫"华联"的房地产公司，发现自己无法注册"华联"第36类商标，于是找到一家知识产权律师事务所。经过事务所调查，发现了南京华联地址改变了却没有到工商部门备案这一"漏洞"。于是，律师事务所向国家工商行政管理总局商标局提出商标撤销申请。商标局批准撤销南京市华联商业总公司"华联"商标的使用权。

（3）自行转让注册商标的。

案例："唐人街"商标转让案。

北京盛唐新人街餐饮娱乐有限公司在2001年时取得"唐人街"字样和图标的商标注册证，2003年9月北京盛唐新人街餐饮娱乐有限公司签订了一份商标转让合同，将"唐人街"和图形商标永久转让给陆××，早在签订商标转让合同的一年前，北京盛唐新人街餐饮娱乐有限公司将其名称变更为北京唐人街餐饮娱乐有限公司，并且工商机关还收缴了其原有印章一枚。按理来说，已经变更名称的北京盛唐新人街餐饮娱乐有限公司本无权再与陆××签订商标转让合同。然而，北京盛唐新人街餐饮娱乐有限公司不但与陆签订了这份合同，而且该商标的转让也通过了商标局的核准，陆××正式取得了"唐人街"和图形的注册商标。陆××以侵犯了其商标权起诉北京××餐饮有限公司，而北京××餐饮有限公司则认为当时盖在商标转让合同尾部"北京盛唐新人街餐饮娱乐有限公司"的大红公章并没有任何效力，因而该转让合同实为无效合同，商标转让的行为实则无效。矛盾的焦点集中在了这加盖了无效公章的转让合同，虽经工商机关承认转让行为成立，是否在法律上依然成立？北京市第一中级人民法院做出判决，认为原告拥有涉案商标的合法专用权。在涉案注册商标的权利转让已经国家工商行政管理部门确认的情况下，原告的受让行为符合法律规定，其以涉案注册商标权利人的身份主张权利应当受到法律保护。

这个案件正是自行改变了注册人名义，按商标法的规定该商标可能被撤销，但是被告没有把焦点引向这里，没有向商标局提出撤销该注册商标，从而使自己完全撇开商标侵权之忧。撤销注册商标是商标局行使的行政权利，而法院行使的是司法权利，法院不能替商标局行使行政权，所以法院也没有因此认定该商标应当被撤销。无论如何，还是给自己带来了不小的麻烦。

(4) 连续三年停止使用的。

商标是否使用，作为主管部门难以知情，在实践中，提出撤销申请的一般都与该注册商标具有利害关系的人，撤销对方的商标已经成为一种商务战略手段被广泛运用。本文将用几个实际案例对商标连续三年不使用撤销实务进行阐述。

案例一："神鹰"商标失而复得

"神鹰"牌系列灭蚊、灭蝇、灭蟑螂药剂产品在广西市场享有很高声誉，可是，这只有名的"神鹰"险遭折翅，被竞争者悄悄向国家商标局申请撤销。在商标局审理期间商标持有人因主管商标业务的人员辞职，未将提供证据通知交出，以致错过提交证据的期限。商标持有人因未递交使用的证据，商标局决定撤销该商标的注册。“神鹰”商标被撤销后给商标持有人的“神鹰”产品销售带来灭顶之灾，大批假冒“神鹰”商标的灭蝇纸等产品潮水般涌入广西市场，商标持有人自己生产的“神鹰”产品销量直线下降，企业面临破产关闭境地。所幸商标持有人委托商标事务所向商标评审委员会及时申请复审，历经3年艰辛，终于重新夺回属于自己的“神鹰”商标。

这个案例让我们看到了商标连续三年不使用将被撤销已经被运用到商业竞争上，一个正常使用的商标如果不注意进行维护也有被撤销的危险。“神鹰”的疏忽使企业面临破产的境地，“神鹰”商标持有人觉察还算及时，也是幸运的，最终还是恢复了商标权。实践中有的公司商标被撤销后还浑然不知，其管理的缺失，当引以为戒。

案例二：撤销申请不能直接向法院提出

宜昌市旅游饮食服务有限公司（以下简称“宜昌饮食公司”）持有“接堂”商标，因企业改制，债权债务由新组建的宜昌市东泰旅游服务股份合作公司（以下简称“东泰旅游公司”）承担，东泰旅游公司又被宜昌饭店兼并，债权债务由宜昌饭店承担。“接堂”包子项目停止经营，商标未再使用，也没有进行过户。宜昌市土渣儿食品营销管理有限公司（以下简称“土渣儿公司”）某分店加工销售“接堂”包子，在店前立有“接堂包子”的广告宣传牌，在销售的“接堂”包子包装盒上标注了“土渣儿系列食品之接堂包子”字样。宜昌饭店认为土渣儿公司构成商标侵权，于是诉至法院。诉讼中土渣儿公司提出该商标已五六年时间没有使用，按照商标法的规定应撤销其注册商标。法院没有采纳土渣儿公司的答辩意见，判决侵权成立。

这个案例告诉我们，撤销注册商标应当向国家商标局提出撤销申请，而不是直接向法院提出。商标权的终止以商标管理机构依照特定条件和方式履行撤销或注销手续为标志。因此，即使发生了可以导致商标权丧失的客观原因，但如果未被启动的行政程序依法撤销或注销，也就不必然产生商标权终止的法律后果，在我国必须启动行政程序才能撤销注册商标。司法裁判不能替代行政执法，商标管理属于商标管理部门的行政权力，法院不可越俎代庖，不能以任何理由直接通过司法程序对注册商标作出撤销决定。

案例三：从“爱多收”商标撤销案谈商标撤销程序

旭化学工业株式会社以连续三年停止使用注册商标为由

向商标局申请撤销杜比斯有限公司“爱多收 ATONIK”商标，商标局受理后，通知杜比斯公司提交使用该商标的证据材料，杜比斯公司在法定期限内提交了使用该商标的证据材料。商标局经过审查，认为该证据材料有效，于是做出维持商标继续有效决定。旭化学工业株式会社不服该决定，向法院提起行政诉讼，认为商标局在审查商标是否有效的行政程序中，未通知其查阅杜比斯公司提供的使用证据，剥夺了自己应当享有的陈述、申辩及听证的权利，违反了法定程序。一审法院认为按照相关法律规定应当先向商标评审委员会申请复审，而不应当直接向法院起诉，驳回了起诉。旭化学工业株式会社不服上诉，二审法院作出终审维持了一审裁定。

从这个案件我们可以得到一个教训：就是申请撤销他人商标一定要严格遵循法律规定的程序。《商标法》第 49 条规定：“对商标局撤销注册商标的决定，当事人不服的，可以自收到通知之日起十五日内向商标评审委员会申请复审，由商标评审委员会做出决定，并书面通知申请人。当事人对商标评审委员会的决定不服的，可以自收到通知之日起三十日内向人民法院起诉。”对商标局的撤销注册商标的决定不服，法律规定了救济途径：先向商标评审委员会申请复审，对复审的决定不服才能向法院提起诉讼。旭化学工业株式会社未提起复审就直接起诉，显然违反了程序规定，败诉是必然的。

另外我们也看到一个现实情况，在实际操作中，商标局审理撤销连续三年停止使用商标案件的过程中，申请人不能参与撤销审查程序，也不能对商标权人提交的使用证据进行质证、反证的陈述意见。商标局的决定本身，仅给出商标权人提交证据材料有效的结论，商标局不将相关证据给申请人，申请人无法获知商标权人使用的情况和相应的证据材料。造成这种局面的根源就在于撤销案件审查行政程序制度设置上有缺陷，商标法实施条例对于申请人在撤销程序中的地位、权利、义务和商标局的行政程序均没有作出明确的规定。从实务的角度解决这个问题，只能像旭化学工业株式会社那样积极主张自己的权利，不过也要接受旭化学工业株式会社的教训，应当严格遵守法律规定的程序，先向商标评审委员会提出复审，对复审不服再提起诉讼。

案例四：非商标意义上的使用"NC"商标仍被撤销

健康第一有限公司对江苏省物资集团经贸发展有限公司（以下简称"物资集团公司"）受让的"GNC"商标向国家商标局提出三年不使用撤销，商标局裁定撤销该商标。物资集团公司向商标评审委员会提出复审，商标评审委员会裁定物资集团公司意图使用了涉案商标，对涉案商标予以维持。健康第一有限公司不服商标评审委员会决定，向北京市第一中级人民法院提起行政诉讼。北京市第一中级人民法院采信了商标评审委员会的主张，一审维持了商标评审委员会的决定。健康第一有限公司上诉到北京市高级人民法院，北京市高级人民法院撤销了北京市第一中级人民法院行政判决，撤销商标评审委员《关于第 1129187 号“GNC”商标撤销复审决定书》，并要求商标评审委员会就“GNC”商标作出予以撤销注册的裁定。

这个撤销案件穷尽了商标撤销案的全部程序：申请撤销、复审、一审、二审，奇怪的是商标局、商标复审委员会、一审法院、二审法院得出两种完全对立的观点，即维持和撤销，分歧的焦点在于物资集团公司对涉案商标是否使用。

北京市高级人民法院最终认定：

其一，本案健康第一有限公司在注册涉案商标后，许可物资集团公司使用涉案商标，后来双方又签订了转让合同，将涉案商标转让给物资集团公司，由于这些行为仅是许可人或转让人与被许可人或受让人之间的行为，不具有面向消费者昭示商标的标识功能，因此商标权人对涉案商标的许可他人使用以及其后的转让行为均不属于商标的使用。

其二，物资集团公司在受让涉案商标后，委托他人制作了

“GNC 宣传单”“GNC 包装盒”“GNC 手拎袋”等宣传品。但是，由于印制有“GNC”标识的包装盒、手拎袋均是在蜂产品上的使用，并非在涉案商标核定商品非医用营养鱼油商品上的使用，因此不属于商标法意义上的使用。

其三，非医用营养鱼油的生产需要进行行政审批，但物资集团公司并未提交其进行相关行政审批的证据，故亦不能表明物资集团公司有正当的理由不能使用涉案商标，且该理由在涉案商标复审时并未提出。

综上所述，应认定商标权人无正当理由三年停止使用涉案商标。

这个案例让我们看到了申请撤销商标的全部程序，但是最为关键的问题还是关于使用的证据。在商标连续三年不使用撤销的案件中，在使用几乎是唯一的抗辩理由。所有的证据将围绕使用来递交，物资集团公司递交了很多的证据，但是北京市高级人民法院并没有认可。实务中流传一种说法，随便递交一点证据就可以了，从这个案例看来，这种说法显然是不负责任。北京市高级人民法院在判决中还提到了另一个问题“正当理由”，也就是说即便是连续三年没有使用，但是为什么不使用如果有正当理由的还是可以保住商标，所以确实提不出使用的证据，那么还可以找“正当理由”。

情形四：你的注册商标与别人的未注册商标发生冲突

恭喜您，这种情况对您有利，除了对方的未注册商标已经在全国范围内形成巨大的知名度，否则对方仅能在原有范围内使用商标，您将最终赢得商标权的争夺。

第四节　商标被抢注该怎么办？

想吃“康师傅”，买到手的竟是“康帅傅”；想喝“娃哈哈”，拿到的却是“娃恰恰”；还有“思念”变成“恩念”、“奥利奥”成了“粤利粤”……关于山寨产品的案例，不胜枚举，这些案例既可笑，也可恨。

案例：在山东滨州农村，曾经出现大量山寨食品。原来的“奥利奥”饼干成了“粤利粤”饼干（山寨产品如图 7-1 所示）。

图 7-1　商标抢注案例

由于山寨产品取名、选择包装的脑洞开得实在太大，正牌商家往往猝不及防。被逼无奈，这些正牌商家采用了“以牙还牙”的策略——先抢注一批商标，让投机者无漏洞可钻。于是，你就能见到如下滑稽的场景：模仿“雪碧”的“雷碧”，模仿“星巴克”的“星巴客”，模仿“娃哈哈”的“哇哈哈”……这些品牌其实并不是山寨，而是大家所熟悉的那家公司注册的。有一条微博曾经火过，有网友说：大白兔为了保护自己的商标，注册了十几个近似商标：大灰兔、大黑兔、大花兔、小白兔、金兔、银兔……

事实上，这种商标抢注现象在国外也大量发生，下面举一些中国企业的商标在国外遭遇抢注的案例。

一、同仁堂（商标图样见图 7-2）

图 7-2 “同仁堂”商标

1989 年，北京市药材公司发现“同仁堂”商标在日本被抢注。该公司遂以“同仁堂”为公众熟知的驰名商标为由，请求日本特许厅撤销该不当注册的商标，日本要求提交“同仁堂”系我国驰名商标的证明文件。为了保护我国商标在他国的合法权益，商标局在做了广泛的社会调查之后，于 1989 年正式认定“同仁堂”商标为我国驰名商标。

二、联想（商标图样见图 7-3）

图 7-3　“联想”商标

2001 年，联想开始全球化发展步伐，却发现联想的英文名 Legend 在全球竟被 100 多家公司注册过商标，遍及娱乐、汽车行业等。据传，联想试着在欧洲买两个回来，但很快发现，要和全球 100 多家公司去谈。2003 年 4 月 28 日，联想无奈之下，宣布花费巨资更换“Legend”为“Lenovo”。

三、海信（商标图样见图 7-4）

图 7-4　海信英文商标

一度在业内引起强烈反响的西门子合资公司抢注中国海信商标，该事件不仅在业内引起轩然大波，还引起中国政府方面的关注。然而西门子公司在与海信就商标转让问题进行谈判的同时，将海信告上德国科隆地方法院。经过充分磋商，西门子与海信就商标问题于 2005 年 3 月 10 日达成和解，西门子在德国科隆地方法院撤诉，海信商标物归原主。

创建于 1967 年的德国博世-西门子公司总部设在德国，是由德国 Robert-BoschGmbH 公司（博世）和德国 Siemens AG（西门子）组成的合资公司，双方各占 50％股份。

西门子（中国）有限公司和江苏博西家用电器销售有限公司（以下简称“江苏博西”），分别是隶属德国西门子和德国博西的子公司，“二者之间没有法律关系”。在德国注册“Hisense”商标的是德国博西，它是西门子的合资公司，而在中国就此事向公众作出说明的，却一直都是西门子（中国）有限公司。1999 年 1 月 11 日，德国博西在德国申请“Hisense”为第 7、9、11 类指定商品的注册商标，1999 年 2 月 25 日获得注册。而在 2 月 19 日，海信的商标“海信”与“Hisense”刚被中国国家工商总局正式认定为驰名商标。两个商标完全一致，连字母大小都分毫不差。

获得注册之后，德国博西又于当年申请了马德里国际商标注册和欧共体商标注册，并且要求了优先权。这令海信在欧洲的商标注册全面受阻，最先是在法国，然后是在保加利亚、西班牙等国。而在 1999 年以前，海信的国外市场大都分布在亚、非、美、澳洲以及东欧等地，商标注册工作也都先于产品出口工作。截止到1999年1月，海信的“Hisense”商标已经在40个国家和地区注册。

2004年9月，海信在欧洲被迫启用新的商标“HSense”。2004年10月20日，德国博世派江苏博西副总裁Weber Bernhard为代表与海信谈判。来自海信的消息称，德国博西最初曾同意将其注册在“蓝色电器”的“Hisense”第7、9、11类注册商标权转让给海信，但是索价4 000万欧元，但海信收到德国博西在德国法院起诉的诉状。海信当即要求德国博西撤诉，而德国博西的态度十分强硬，表示“不会撤销诉讼”。双方不欢而散。

2004年10月28日，德国博西表示愿意以和谈解决商标争议。但是因为海信坚持谈判的前提是德国博西撤诉，双方的谈判陷入僵局。随后，海信启用法律程序，起诉到德国商标局，要求依法撤销德国博西注册的“Hisense”商标。

2005年2月，西门子集团认识到其在华利益比在德国本土还大，为非主流商标“Hisense”与中国企业闹翻并不值得。终于决定在海信前来德国迎接诉讼的前夕提出，愿意再次商谈。2005年3月6日，中国海信集团与德国博西在北京达成和解协议。

四、王致和（商标图样见图 7-5）

图 7-5 “王致和”商标

2006 年 7 月，王致和集团拟在 30 多个国家进行商标注册时，发现“王致和”腐乳、调味品、销售服务三类商标，已被一家名叫欧凯的德籍公司于 2006 年 3 月在德国注册。而欧凯公司申请的商标标识与王致和集团产品使用的商标标识一模一样。欧凯公司是柏林一家主要经营中国商品的超市，其员工全部是华人。调查发现，欧凯公司还曾抢注过“白家”“洽洽”“老干妈”“今麦郎”等众多知名商标。同年 8 月，王致和的代理律师向欧凯公司发出律师函。随后，王致和公司接到欧凯公司运营商中咨货运公司的电话称，想要拿回商标，必须付出一定代价。于是，2007 年初，王致和向慕尼黑地方法院提起诉讼，要求判定欧凯百货公司无偿归还商标并予以赔偿。

2009 年 4 月 23 日，慕尼黑高等法院对王致和诉欧凯商标侵权及不正当竞争一案作出终审判决：欧凯公司不得擅自使用王致和商标，否则将对其处以 25 万欧元的罚款或对主要负责人处以六个月监禁；欧凯公司应撤销其抢注的"王致和"商标。至此，备受关注的王致和诉德国欧凯恶意抢注商标案，经过两年零三个月的讼争，最终以"王致和"商标物归原主而画上了圆满的句号。

此案号称"中国知识产权跨国维权第一案"。这是中国加入世贸组织后第一起中国企业在国外以原告身份进行的商标诉讼案，也是国内企业在海外胜诉的第一个知识产权官司。

五、桂发祥十八街（商标图样见图 7-6）

图 7-6　"桂发祥十八街"商标

一家名为“加拿大中华老字号商标股份有限公司”的加拿大公司，在当地的面食商品上申请注册了“桂发祥十八街”商标。同时遭到抢注的还有“冠生园”“六必居”等其他中华老字号著名商标。天津桂发祥麻花饮食集团公司接到消息后，加拿大知识产权律师针对加拿大公司的恶意抢注，马上在公告期间向加拿大当地法院提出异议。由于桂发祥反应迅速，在商标还在公告期内就提出反诉，而且资料组织充分，经过 3 个月的时间终于打赢了官司，拿回了自己的商标，在加拿大的销售没有受到太大影响。

六、狗不理(商标图样见图 7-7)

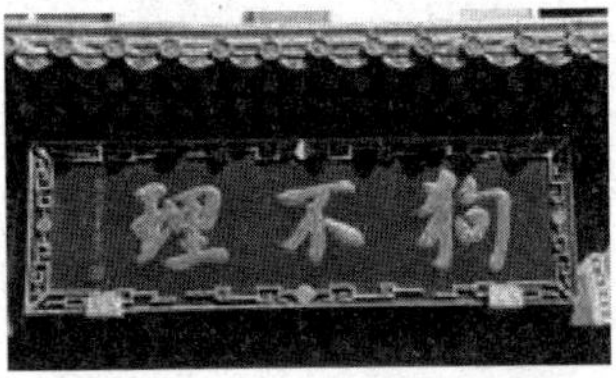

图 7-7 “狗不理”商标

天津著名老字号“狗不理”的商标曾在日本遭抢注，历时 10 余年的不懈努力，经过多次的谈判与交涉，天津狗不理集团有限公司终于在 2007 年 9 月拿回了遭抢注的两个“狗不理”商标。至此，在海外漂泊多年的“狗不理”商标终于回家了，这是我国老字号企业在海外维权成功的经典案例。

现实中，在海外遭遇商标抢注的中国企业绝非仅以上几家。这些年来一件件国内企业的知名商标被抢注的例子触目惊心：

“大宝”在美国、英国、荷兰、比利时、卢森堡被一名荷兰人注册；

“红星”二锅头酒在欧盟、瑞典、爱尔兰、新西兰、英国等国家被一家英国公司抢注；

“杜康”酒、“GONGHUA”链条、“龙井”茶在日本被抢注；

“标准”牌洗衣机、“长虹”电视在泰国被抢注；

“天坛”牌蚊香在马来西亚被抢注；

“大白兔”商标在日本、菲律宾、印度尼西亚、美国和英国都曾被抢注；

“QIDI”电器“DETON”音响在印度尼西亚被一代理商抢注；

“牡丹”“PEONY”商标被荷兰销售代理商在荷兰、瑞典、挪威、比利时、卢森堡五国抢注；

“龙井茶”“碧螺春”“大红袍”“信阳毛尖”等多个茶叶的名称在韩国被一茶商注册为商标；

“红塔山”“阿诗玛”“云烟”“红梅”等香烟商标被菲律宾商人抢注；

“丰收”桂花陈酒在法国被抢注；

“三角牌”“金鸡牌”商标在智利被抢注；

“长虹”在南非被一家中国的企业抢注；

“老龙口”酒在韩国有 7 家企业进行了相关类别的注册，等等。

据不完全统计，我国曾有超过 80 个商标在印度尼西亚被抢注，有近 100 个商标在日本被抢注，有近 200 个商标在澳大利亚被抢注。目前世界上大多数国家都采取“注册在先”的原则，即谁先在该国注册商标，谁就拥有商标的专用权并得到该国的法律保护。面对这种情况，我们虽然义愤填膺，却也无可奈何、进退两难。因为，他们都是依他们的“法”申请注册的，我们如果要夺回自己的商标要付出很大的代价。但如果不夺回自己的品牌，又面临着被诉侵权或退出已有市场的命运。

据国家工商总局的不完全统计，目前国内有 15%的知名商标在国外被抢注。而自 20 世纪 80 年代以来，中国出口商品商标被抢注的有 2 000 多起，造成每年约 10 亿元无形资产流失。事实上，不单是老字号商标遭遇了抢注风潮，几乎每一家准备进军海外市场的知名中国企业都面临着商标被抢注的风险。

同样，也有大量国外商标在中国被抢注的案例。

对于商标被抢注的商标权人，笔者有如下建议：

（1）如果对方的商标还没有被注册。还要查明该商标是否已经被公告。如果商标已经被公告，就可以直接请专业的代理机构向商标局提起商标异议申请。如果还没有被公告，一定要时刻关注该商标的状态，以便在其被公告的第一时间提出异议，并同时着重开始准备证据材料。至于准备哪些方面的证据，将在后文予以介绍。

（2）如果对方的商标已经被核准注册。则根据对方商标注册的时间长短有不同的处理方式。如果注册的时间超过三年，这时可以提起撤销三年不使用申请。商标注册虽不以使用为前提或即将使用为前提，但国家还是认为商标是以使用为终极目的。如果对方注册商标超过了三年，或者没有有效的使用证据，这时可以提起无效宣告申请，由商标评审委员会来宣告该商标无效。

以上只是简单的一个流程介绍，重点还是证据的提供，能否提供板上钉钉的证据才能决定是否能达到最终的目的。

怎样收集有利的证据呢？笔者的经验如下：

（1）对方商标所有人是否和您有某种经济利益关系，比如商业往来，或者其他能够证明其可以通过某种方式知晓您的商标及经营范围的证据。注意最好不要是泛泛的，比如其可能在我的淘宝店里买过东西这种，这样很难被商标局或商评委认可。

（2）您的商标在对方商标申请日之前使用的证据。证据上必须能够显示在对方注册之前使用的时间。

（3）您具有其他有关该商标的权利的证据，比如该商标是一个图形商标，而您具有其著作权，并且著作权最好能有登记证书；如果文字商标，您具有商号权、姓名权，等等。

（4）知名度的证据，能够证明您这个商标已经在市场上具有了很高的知名度与美誉度。主要以广告为主。鉴于当今创业很多都是互联网的相关行业，后台的数据流量也可以，但一定要有时间，最好是在对方商标申请日之前的知名度证据。

（5）能证明对方具有恶意抢注的证据。这类证据需要能够证明对方主观方面是为了牟取不正当利益。首先，对方注册成功后是否自己使用，即用在自己的产品上，这种产品是否和被抢注人的产品属同类或近似产品；其次，是否对被抢注人高价转让或高价许可使用该商标；最后，是否直接控告被抢注人侵权，并提出赔偿请求。

第八章　驰名商标

跨类保护是指国家对于已注册的驰名商标所实行的跨类别保护，也称之为“绝对保护”。驰名商标在商标保护体系中有着特殊的地位。一方面，驰名商标可以突破商品的类别实现跨类保护；另一方面，驰名商标可以突破在先申请原则，本章将对驰名商标进行全面介绍。

第一节　驰名商标与知名商标、著名商标的区别

很多企业在多年经营后品牌越做越大，知名度也越来越高。但是，随之而来的可能就是对其商标的重新定义了，以前自己的商标只是普通商标，现在可以进一步升级为知名商标、著名商标甚至是驰名商标。

驰名商标、著名商标和知名商标的区别主要体现在以下几方面：

一、认定机构不同

驰名商标由国家工商总局商标局或人民法院按司法程序

认定，著名商标由省工商部门认定，知名商标则一般由地（市）工商部门进行认定。

二、认定标准不同

驰名商标必须是为全国相关公众所知悉，著名商标和知名商标则至少要为本省或本地（市）相关公众所知悉。

三、对商标是否注册的要求不同

驰名商标可能是注册商标，也可能是非注册商标，而著名商标和知名商标则必须是注册商标。

同时，三者之间可以相互转化，因为每一个商标的声誉和知名度是随着时间的推移或商标使用人使用情况的变化而变化的，知名商标、著名商标可以逐步演化成驰名商标，而驰名商标也有可能淡化成著名商标甚至是普通商标。

下面分别对驰名商标、著名商标、知名商标进行介绍。

一、驰名商标

驰名商标是指在中国为相关公众广为知晓并享有较高声誉的商标。驰名商标除具有显著性和可视性等一般商标的特性外，还有竞争力强、知名度高、信誉度好、影响范围广等特点。驰名商标对于商标所有人来说不仅是一项知识产权，更是一项重要的财产权。

在认定驰名商标时，主要考察五个方面的因素：

一是看相关公众对该商标的知晓程度；

二是看该商标使用的持续时间；

三是看该商标的任何宣传的持续时间、程度和地理范围；

四是看该商标作为驰名商标受保护的记录；

五是其他有关知名度的因素。

当然，在认定一个商标是否为驰名商标时，并非要求同时具备以上五个条件。

为防止和减少侵犯驰名商标专用权行为发生，《商标法》一方面规定了对未在我国注册的驰名商标的保护，即就相同或相类似商品申请注册的商标是复制、模仿或翻译他人未在中国注册的驰名商标，容易导致混淆的，不予注册并禁止使用；另一方面规定了对已在我国注册的驰名商标的保护，即就不相同或不相类似商品申请注册的商标是复制、模仿或翻译他人已在中国注册的驰名商标，误导公众，致使该驰名商标注册人的利益可能受到损害的，不予注册并禁止使用。

驰名商标的价值最大，有些地方政府甚至对本区域内拥有驰名商标的企业一次性奖励上百万元。

二、著名商标

所谓著名商标，是指具有较高市场声誉和商业价值，为相关公众所熟知，并依法被认定的注册商标。

著名商标的认定机构是省级工商行政管理部门。

认定标准主要从以下几个方面去衡量和界定：

一是该商标自核准注册之日起连续使用期满三年；

二是使用该商标的商品在省内或国内同类产品中质量和售后服务优良，且在相关公众中具有较高知名度和较好的市场信誉；

三是使用该商标的商品的年产量、销售额、利润和市场占有率等主要经济指标在省内同行业或者国内同类产品中名列前茅；

四是该商标注册人有健全的商标使用、保护和管理措施。

自著名商标被认定之日起，他人将与该著名商标相同或相近似的文字作为企业名称一部分使用，且可能引起公众误认的，工商行政管理机关不予核准登记；已经登记的，著名商标注册人可以自知道或应当知道之日起两年内，请求工商机关予以撤销。

三、知名商标

知名商标一般是指在本地（市）范围内商标所有人拥有的，在市场上享有较高声誉并为相关公众所熟知的注册商标。地（市）工商行政管理局负责本地（市）知名商标的认定和管理工作。

对知名商标的认定，各地标准不一，但一般应考虑以下几个方面的内容：

一是该商标是本地（市）范围内依法设立的企事业单位、社会团体、个体工商户所拥有的国内有效注册商标；

二是使用该商标的商品覆盖面和市场占有率在当地同行业中位居前列；

三是企业综合效益好，使用该商标商品近两年来的主要经济指标（销售额、利税等），在当地同行业中领先；

四是注重对商标的广告宣传，在相关公众中有较高的知名度；

五是使用该商标的商品质量稳定可靠，消费者投诉率低；

六是近三年内无违法经营行为。

自知名商标认定之日起，他人将与该知名商标相同或近似的文字作生产相同或类似产品的企业字号使用，且可能引起公众误认的，工商行政管理部门不予核准登记；其他经营者不能擅自使用被认定为知名商标的商品特有的名称、包装或与其近似的名称。

第二节　驰名商标的认定

中国驰名商标大部分都是通过国家工商行政管理总局(商标局和商标评审委员会)认定的,与人民法院相比,其认定的驰名商标所占比例更大。在商标注册、使用与评审过程中产生争议时,国家工商总局商标局与商标评审委员会可以根据当事人的请求,依据具体事实认定其商标是否构成驰名商标。

2001 年 7 月实施的《最高人民法院关于审理涉及计算机网络域名民事纠纷案件适用法律若干问题的解释》以及 2002 年 10 月实施的《最高人民法院关于审理商标民事纠纷案件适用法律若干问题的解释》使人民法院获得了认定驰名商标的权力。自此,驰名商标的认定形成了行政认定(商标局或商标评审委员会认定)与司法认定并行的模式。与行政认定驰名商标周期长、审核部门多的特点相比,司法认定比较简易快捷,所以很多企业往往选择司法渠道。

具体案例:

(1) 甘肃奇正实业集团有限公司诉谈宏伟商标侵权纠纷案,认定“奇正”商标为驰名商标。

(2) 北京国美电器有限公司诉涂汉桥商标侵权纠纷案,

认定“国美电器”为驰名商标。

（3）红河卷烟厂诉昆明市宜良金象洗涤用品有限公司商标侵权纠纷案，认定“红河”商标为驰名商标。

（4）劳力士钟表有限公司诉北京国网信息有限责任公司计算机网络域名纠纷案，认定在中国和世界各国享有较高知名度的“Rolex”商标为驰名商标。

（5）宝洁公司诉上海晨铉智能科技发展有限公司域名注册不正当竞争纠纷案，认定宝洁公司的“safeguard 舒肤佳”文字和图形组合商标为驰名商标。

（6）沃尔玛百货有限公司诉童小菊等商标侵权及不正当竞争纠纷案，认定“沃尔玛”为驰名商标。

（7）中国平安保险（集团）股份有限公司“PICC”与深圳市顺创企业形象策划有限公司商标侵权纠纷案，认定“PAIC”加“平安”文字的图文组合商标为驰名商标。

驰名商标的认定原则如下：

1. 域内驰名的原则

商标权具有地域性，在一国注册的商标，只在该国的领域内受其本国法律保护，超出该国范围，则不受其国保护。某个商标可能在某国有很高的市场评价和公众认可，但由于商品销售未及于其他区域，在别国可能就没有多少知名度，也就无从谈起驰名商标的保护。在我国，商标的驰名性认定虽然无须以在我国注册为前提，但应当坚持域内性原则，即国内驰名原则。某些商标虽然具有一定的国际知名度，但其指示的商品或服务未在我国内流通，我国的公众未实际使用过上述商品或接受过上述服务，即使该商标可能为我国公众通过传媒等所知道，也不能被认定为驰名商标。因此，认定商标是否驰名，应当始终围绕着国内驰名性，而不是所谓的国际驰名性。

2. 案情需要的原则

判断在与注册商标同一种或者类似的商品上使用的标志是否误导相关消费者，以及该标志是否与该注册商标相同或近似，并不以认定该注册商标是否驰名为前提。如果涉案侵权行为所涉及的商品与涉案注册商标所核定使用的商品属于同一种商品，涉案注册商标则依照《商标法》中关于普通商标侵权的规定即可得到保护，不需要适用驰名商标的特殊保护，对其是否驰名作出判断和认定也就没有了实质意义。法院在审理商标纠纷案件中，根据当事人的请求和案件的具体情况，可以对涉及的注册商标是否驰名依法作出认定，该条款中的“案情需要”，是指涉案注册商标需要给予驰名商标的特殊保护，也就是驰名商标被他人用于不相同或不相类似的商品等可能造成淡化的情形，最高人民法院及相关案例也肯定了上述观点。案情需要原则不仅可以正确把握诉讼争议焦点，提高案件审判效率，而且对于避免商标权利人借侵权为名，傍驰名为实的滥用诉权行为起到了积极的作用，是启动认定驰名商标司法程序的必要前提。

3. 主动审查的原则

在驰名商标案件中，对于驰名事实应当采取积极主动的职权式审查。如果经过调查，主要证据上仍然存在疑问，驰名事实则不宜认定。主动审查原则要求商标权利人提升其证据意识，强化其举证责任，并辅之必要的法院调查，可以有效地避免被某些证明力有缺陷的证据所误导，从而加强认定驰名商标的可靠性和权威性。

"驰名商标"是商标领域的最高殊荣，认定"驰名商标"是有严格要求的，其申请的难度也非常之大。申请认定"驰名商标"目前有三条途径：

1. 通过商标异议案件由国家工商总局商标局认定

商标异议是在商标经过初步审定后公告期内，还没有被注册之前，当事人认为其商标违反商标法的规定，向商标局提出该商标不应当获得注册的反对意见。认为自己商标构成驰名商标的商标权人以驰名商标持有人的名义提出异议，如果经过审查符合驰名商标的标准，商标局可以在认定驰名商标的基础上驳回由别人正在申请的商标。

2. 通过商标争议案件通过国家工商总局商标评审委员会认定

商标争议和异议是不一样的，对未获得注册的商标提的反对意见是异议，对已经获得注册的商标提的反对意见就是争议，争议和异议一样是有期限限制的。

在商标争议中和商标异议中申请驰名商标认定的道理是一样的。依照商标法及条例的规定，在商标评审过程中产生争议时，有关当事人认为其商标构成驰名商标的，可以向商标评审委员会请求认定驰名商标，此时，有关当事人应当依法提交其商标构成驰名商标的证据材料。

3. 在商标管理案件中由国家工商总局商标局认定

商标管理主要体现在商标侵权行政管理上，主要由各地工商局执行。商标侵权有很多种形式，有的明目张胆，就是直接就用名牌的商标，构成侵权是没有问题的；有的打擦边球，模仿名牌商标，有意让消费者混淆，这种行为是否构成侵权，需要具体分析。如果是驰名商标，那么它的保护范围要广得多，对普通商标不构成侵权的，对驰名商标却可能构成侵权，那么是不是驰名商标就很关键。有了这个途径，就可以在案件查处的过程中，主张自己是驰名商标，从而完成驰名商标的认定。

通过以上说明，读者朋友应该已经知道，驰名商标的认定可以通过商标局或商标评审委员会等行政部门完成，也可以通过法院进行司法认定。那行政认定和司法认定之间的差别是什么呢？

1. 两者的认定机构不一样

这一点很好理解。中国驰名商标的行政认定统一由国家工商总局商标局或商标评审委员会来认定。而中国驰名商标的司法认定是由审理案件的法院来认定，也就是说，商标民事纠纷的第一审案件，由中级以上人民法院管辖，对争议商标案件有管辖权的法院都可以认定。

2. 两者认定后的救济途径不一样

对于只是针对驰名商标的行政认定结果是否可以请求复审或提起行政诉讼，法律没有明确的规定，但是如果对工商局作出的有关商标的具体行政行为（如行政处罚决定等）或商标评审委员会的决定或裁定不服的话，则可以提起行政诉讼。

对驰名商标的司法认定来说，如果不服一审法院就驰名商标认定的结果，当事人可以向上一级法院提出上诉而在二审中对争议商标是否驰名的这一事实进行重新认定。若对二审的认定结果还不服，理论上还可以通过审判监督程序要求重新认定。

3. 两者认定后的影响力差别巨大

通过行政途径认定的中国驰名商标，是经过国家工商总局商标局或商标评审委员会认定的，因而在全国工商行政系统都具有很强的权威性，全国各级工商行政部门都会按有关驰名商标的特殊保护要求来加强保护。

通过法院个案而认定的驰名商标，由于只是由审理该案的某个具体法院（中级或高级法院）进行认定的，相比之下，该认定在法院系统或认定法院当地的工商部门会具有较高的权威性，但在全国其他各地的工商行政部门的实际效力还不太确定。

4. 两者对曾被认定为驰名商标的再审查或认定问题的规定不太一样

就法院来说，人民法院将依照《商标法》的相关规定重新进行审查。

对于工商部门来说，曾被认定为驰名商标的，如果所受理的案件与已被作为驰名商标予以保护的案件的保护范围基本相同，且对方当事人对该商标驰名无异议，或者虽有异议，但不能提供该商标不驰名的证据材料的，受理案件的工商行政管理部门可以依据该保护记录的结论，对案件作出裁定或者处理。

如果所受理的案件与已被作为驰名商标予以保护的案件的保护范围不同，或者对方当事人对该商标驰名有异议，且提供该商标不驰名的证据材料的，应当由商标局或者商标评审委员会对该驰名商标材料重新进行审查并作出认定。

无论通过行政途径还是司法途径认定驰名商标，需要提供的材料大同小异，一般来说，需要提供以下证据材料：

（1）证明相关公众对该商标知晓程度的有关材料；

（2）证明该商标使用持续时间的有关材料，包括该商标使用、注册的历史和范围的有关材料；

（3）证明该商标的任何宣传工作的持续时间、程度和地理范围的有关材料，包括广告宣传和促销活动的方式、地域范围、宣传媒体的种类以及广告投放量等有关材料；

（4）证明该商标作为驰名商标受保护记录的有关材料，包括该商标曾在中国或者其他国家和地区作为驰名商标受保护的有关材料；

（5）证明该商标驰名的其他证据材料，包括使用该商标的主要商品近三年的产量、销售量、销售收入、利税、销售区域等有关材料，例如，使用申请商标的商品近三年的主要经济技术指标及在全国同行业的排名，近三年申请人的资产负债表、损益表，近三年使用申请商标的产品产销量统计表，申请人主要经济指标在全国同行业中的排名，申请人在国内的销售网络，申请商标的产品在国外的销售情况等；

(6) 申请商标的广告宣传情况，例如，近三年申请商标广告投入总量，典型的广告图片等；

(7) 关于企业信誉及获奖情况的证据。

关于驰名商标的效力范围，笔者认为司法认定与行政认定的效力范围基本一致，即效力仅限于个案，下次发生争议时仍然需要重新认定。

当事人对曾经被行政主管机关或者人民法院认定的驰名商标请求保护的，对方当事人对涉及的商标驰名不持异议，人民法院不再审查。提出异议的，人民法院才需要依照商标法的规定重新审查，该规定认可驰名商标的司法认定在其他案件中适用，间接扩大了司法认定驰名商标的效力范围。

但驰名商标的认定不是一劳永逸、一成不变的，该商标的知名度会随着客观情势的变化而变化，在下次需要作为驰名商标保护时,如对方提出异议,仍然需要再次认定,只是过去的认定可以作为参考,有利于新认定的成功实现。

因此,若要保持驰名商标的效力,企业必须不断提高商品或服务的质量、不断开拓市场、重视企业品牌形象、通过法律手段维护商标权益,哪怕是一件不值一提的维权记录,都将成为“受保护的材料”,为再次认定驰名商标做出巨大贡献。

但是自 2013 年 8 月,《商标法》规定禁止生产、经营者将“驰名商标”字样用于商品、商品包装或者容器上,或者用于广告宣传、展览以及其他商业活动中。

第三节　驰名商标特有的跨类保护

驰名商标的跨类保护问题一直是广大的商标使用者,以及相关从业者,包括广大商标类知识产权的法律从业者,以及关注商标领域的社会各界人士关注的问题。

一、什么叫驰名商标的跨类保护?

驰名商标是指在中国为相关公众广为知晓并享有较高声誉的商标。而所谓的跨类保护是将对该商标的保护从其注册类别的商品,扩大到其他类别的商品。

根据笔者的经验,对于是否为同一类别的商品的判断,作为行政机关的商标局及商标评审委员会主要依赖于《类似商品和服务区分类表》中所规定的“45 个大类”以及这 45 种商品或服务中所包含的“商品类似群”。而作为司法机关的法院则会在“功能用途、销售渠道、销售场所、消费对象”等方面进行综合评估。

二、所有的驰名商标都能获得“跨类保护”的待遇吗？

笔者给出的答案是否定的！并不是每一个驰名商标在涉及诉讼的时候都能享受到“跨类保护”的待遇的。

（1）对已注册的驰名商标

根据法律规定，当事人依据商标法主张诉争商标构成对其已注册的驰名商标的复制、摹仿或者翻译而不应予以注册或者应予无效的，人民法院应当综合考虑如下因素，以认定诉争商标的使用是否足以使相关公众认为其与驰名商标具有相当程度的联系，从而误导公众，致使驰名商标注册人的利益可能受到损害：引证商标的显著性和知名程度；商标标志是否足够相同或近似；指定使用的商品情况；相关公众的重合程度及注意程度；与引证商标相同或近似的标志被其他市场主体合法使用的情况或者其他相关因素。

虽然《商标法》规定：“就不相同或者不相类似商品申请注册的商标是复制、摹仿或者翻译他人已经在中国注册的驰名商标，误导公众，致使该驰名商标注册人的利益可能受到损害的，不予注册并禁止使用。”但需要注意的是，在实际操作中仍然要注意商品的类似程度。这主要是因为，虽然有些商品的类别看起来差别很大，但是由于它们在功能、用途、生产部门、销售渠道、消费对象等一方面或几方面相同，使消费者对商品存在混淆，这时候就应该对驰名商标进行保护。

反之，有些商品的类别确实不一样，但是它们在功能、用途、生产部门、销售渠道、消费对象等一方面或几方面存在较大差异。此时的消费者不会混淆商品来源。所以此时就不应该对驰名商标进行跨类保护。

(2) 防范抢注商标

对抢注商标，商标法从两个方面作出了规定：

第一，申请商标注册不得损害他人现有的在先权利，也不得以不正当手段抢先注册他人已经使用并有一定影响的商标。同样地，相关规定还指出，在先使用人主张商标申请人以不正当手段抢先注册其在先使用并有一定影响的商标的，如果在先使用商标已经有一定影响，而商标申请人明知或者应知该商标，即可推定其构成“以不正当手段抢先注册”。

他人的在先权利是什么？这里的在先权利指的是除了商标权以外的其他权利，包括姓名权、商号权、著作权等其他的权利。当事人以其笔名、艺名、译名等特定名称主张姓名权，该特定名称具有一定的知名度，与该自然人建立了稳定的对应关系，相关公众以其指代该自然人的，也属于在先权利。

从商标法的角度上来说，驰名商标的"跨类"究竟能跨多远的问题，取决于其与所跨的相应类别的相关度的高低。举个例子来说，A 企业本身有一个经过认可的医药类"驰名商标"。"可巧"的是，一个做"浴巾、纺织品毛巾、洗涤用手套"类的企业 B 也有一个与其相近似的商标。如果此时，A 想通过"驰名商标的跨类保护"的方式告 B 企业，A 毫无胜算。因为，A 的商标是一个医药类商标，其与"浴巾、纺织品毛巾、洗涤用手套"的关联度实在是太低了。因此，从商标法的角度来说，"驰名商标"所跨的类别，与其所跨的相应类别的相关度的高低有关。

第二，并不是所有的驰名商标都会获得"跨类保护"的待遇的。首先，要看"争议商标"和"引证商标"是否构成了"相同或近似"。其次，你要保证你的商标的著作权归自己，也就是，你的商标要有能证明的"独创性"。简言之，只有证明这个商标是你自己的，法院才会根据相关的法律规定给予保护。

第九章　商标被侵权的处理方式

商标侵权是指行为人未经商标权人许可，在相同或类似商品上使用与其注册商标相同或近似的商标，或者其他干涉、妨碍商标权人使用其注册商标，损害商标权人合法权益的行为。

侵犯注册商标专用权的行为主要包括以下几种：

(1) 未经注册商标所有人许可，在同一种商品或类似商品上使用与注册商标相同或近似的商标的行为。

(2) 未经商标注册人同意，更换其注册商标并将该更换商标的商品又投入市场的行为。

(3) 销售侵犯注册商标专用权的商品的行为。销售不知道是侵犯注册商标专用权的商品，能证明该商品是自己合法取得并说明提供者的，不承担赔偿责任，但仍然需要承担停止侵权的责任。

(4) 伪造或擅自制造他人注册商标标识或者销售伪造、擅自制造的注册商标标识的行为。须注意的是，这种侵权行为是商标标识的侵权行为，包括“制造”和“销售”两种行为。

（5）在同种或类似商品上，将与他人注册商标相同或近似的标志作为商品名称、包装使用，误导公众的。

（6）故意为侵犯他人注册商标专用权的行为提供仓储、运输、邮寄、隐匿等便利条件的。

（7）将与他人注册商标相同或近似的文字作为企业的字号或在相同或类似商品上突出使用，容易使相关公众产生误认的。

（8）将与他人注册商标相同或近似的文字注册为域名，并通过该域名进行有关商品交易的电子商务活动，容易使相关公众产生误认的。

上述商标侵权行为无疑会对商标权利人的合法权益造成损害。

第一节　打商标官司的流程

考虑到一些中小企业出于控制诉讼费用的考虑，会自己处理商标诉讼，下面对商标官司的主要流程进行简单说明。

如果你是原告，你首先需要确认被告是谁，如果被告是公民个人，你需要知道他的姓名、年龄、民族、住址等情况，假如你不知道这些情况，那么你需要到对方的户籍所在地派出所调取户籍证明（注：派出所不针对个人，只能聘请律师以律师事务所的名义调取）；如果被告是公司、企业或者个体户，那么需要了解单位的相关工商登记信息（比如：名称、负责人或者法定代表人、注册或者办公地址、联系方式等），必要时需要到工商局调取该单位的基本注册信息。

被告的基本情况掌握后，你要写民事诉讼状，这是诉讼很重要的一步，起诉状格式的正确与否影响到法院是否立案，被告信息是否正确、是否遗漏其他被告将影响到由谁承担法律责任，诉讼请求与理由是否得当直接影响到案件的胜败。同时还要有一定的证据和法律规定支持诉状的理由。

诉状根据被告的人数打印数份，如一个被告，就需要提交法院两份诉状；如果两个被告，就需要提交法院三份诉状，依此类推。准备就绪后，即可向法院立案庭提交诉讼状和证据，以及原告的身份证复印件等，如果受理了，则会给你交费通知书，你再持交费通知书去缴纳诉讼费用。缴纳费用后，算是你的案件已经正式受理了，法院会安排日期，并给你传票，上面写明开庭日期、时间和地点，以及审判员、书记员。

开庭时间到了，你应准时到庭，迟到会被法院认为你放弃权利，作为撤诉来处理。到庭后，法官的书记员会核实双方的身份，然后进入庭审阶段。

开庭阶段，法官先问你要不要申请法官回避(如果你确认法官与被告是亲戚或者其他亲密关系，那么你就说要回避，否则你就说不需要)，然后宣布正式审判，会让原告先读诉讼状，读完后被告答辩，然后原、被告提交相应的证据，双方各自对对方证据进行质证。这是庭审的最核心关键的一步，你一定要对对方所有证据的真实性、关联性和合法性进行仔细质证，对于对方不能确信的证据不要认可，一旦你认可了对方的证据，书记员将记录在案，你如果再想反悔将为时已晚。证据质辩完后，就进入双方的辩论阶段，一般法官会让双方各有一两次的机会。辩论结束，法官通常会问双方要不要调解，如果双方都同意调解，那么法官会进行调解。调解一般有两种，或者面对面或者背对背，如果调解不成功，法官就会宣布休庭，择日宣判。

判决书拿到手以后，如果你对判决不服，那么你就要在拿到判决书之日起在法定的期限内提起上诉。你就要根据一审判决以及事实和法律写上诉状，然后提交给审判法官，由他连同你的一审资料提交给二审法院。有些地区也可以直接去二审法院立案。你要记住的是你一定要在规定的时间内去缴纳上诉费，该上诉费用的缴纳时间与方式在判决书末尾有写明，法院不会再通知或提示。如果错过，那么你就无法上诉了，视同你撤回上诉。

如果你不想上诉，对方也不上诉，但对方又不愿意赔偿损失给你，那么你就要向法院立案申请执行，进入执行程序。

因种种原因，你对已经生效的判决或者裁定仍然不服，可以申请申诉。书写申诉书，提交本地区法院或上一级人民法院。

第二节　打商标官司能否不聘请律师?

笔者接待过很多客户，在咨询时每每被问及一个同样的问题：我的案件一定要请律师吗？能提出这个问题，显然客户方对于律师在案件中所起的作用不太了解。

简单的商标官司完全可以不用律师代理。笔者有一个客户是一家大型医院，在同一城市有一家小型医院采用了与之完全相同的商标并进行大力宣传。咨询笔者之后，笔者劝告不用聘请律师，简单指导这个客户的负责人如何对小型医院的侵权行为进行公证以收集侵权证据之后，让客户自行向法院提出诉讼，从而节省律师费，最终结果是大获全胜，效果非常好。在这起案件中，侵权认定相对简单，知识产权律师所能起到的作用非常有限，完全可以自行完成。

如果侵权行为中使用的商标与注册商标，或者侵权行为涉及的商品与注册商标的指定商品并非完全相同，则没有知识产权律师的代理肯定是要吃亏的。正如本书之前的章节所述，商标的近似、商品的类似以及不正当竞争权利的认定是需要非常高的专业知识，针对这些案件笔者建议需请专业律师代理完成，以免造成不必要的损失，输掉本不应该输掉的官司。

律师在案件代理过程中一般能起到如下作用：全面系统且程序和实体并重地把握案件脉络，设计严密的、可操作的、具有前瞻性的诉讼方案，调查搜集相关有利证据，代为起草、修改相关法律文书，在开庭过程中合理运用诉讼技巧，针对争议对方的证据和理由提出反驳意见，随机应变，查找、搜集相关法律法规，出具翔实、有理、有据、有力的代理意见，影响审判法官沿着委托方的有利方向去认定事实和裁判案件。

一般来说，委托律师替自己打官司，还有以下几点好处：

（1）律师可以持律师事务所的介绍信以及委托人的授权委托书向有关单位和个人进行访问、调查收集与案件有关的证据材料。

（2）可以先由律师代理商标权人与对方进行和解谈判，从而给双方当事人留有空间反悔或改变和解方案。

（3）律师可以根据代理案件的需要，申请证据保全、财产保全、延期审理、申请新的证人到庭等。

打官司怎样请律师？委托律师打官司注意事项：

1. 审查资格

律师法规定，律师是指依法取得律师执业证书，为社会提供法律服务的人员。没有取得律师执业证书的人员，不得以律师名义执业，不得为牟取经济利益从事诉讼代理或者辩护业务。因此，当事人在请律师时，一定要审查律师的资格，看其是否有律师执业证书。

2. 要了解机构

律师事务所是律师的执业机构。请律师要到律师事务所，以便了解一下律师所在的执业机构。因为律师法有规定，律师违法执业或者因过错给当事人造成损失的，由其所在的律师事务所承担赔偿责任。

3. 签订协议

聘请律师要签订书面协议，将双方的权利义务关系约定明确，特别是对聘请律师费用更不要马虎，一定要言明打赢了官司和打输了官司各是多少钱，一审费用和二审费用又分别是多少，都要在协议上写得清清楚楚，并在付款时要求出具发票。协议中需要明确保密条款以及保密条款的适用范围，以免律师泄露公司的商标机密。

4. 授权明确

有的当事人在聘请律师时，虽也填写了委托书，但不明确授权范围，认为只要付钱给律师，一切都由律师来处理。因此，有的当事人根本不出庭，不了解案件进展，对案件的处理结果也不清楚。殊不知，由于授权不明产生的法律后果，授权人是要承担责任的。

5. 慎重付款

有的当事人对律师的话深信无疑，只要律师要钱，他都毫不在乎。一审官司打输了，律师提出上诉，他不加考虑，一一照办，交了上诉费，再交聘请律师费，一点不心疼。特别是对律师提出的请办案人吃饭和找人疏通关系等社交活动费更是大方，往往倾其所有。一旦官司输了，方大梦初醒，直呼上当，后悔莫及。因此，对律师索要的按规定应收取的正当费用以外的所谓活动费一定要加以拒绝。此外，付款后一定要向律师索要发票。

第三节　打官司由谁承担诉讼费？

人民法院受理商标诉讼后，一般由提起诉讼的原告预交诉讼费。诉讼费用最终由谁负担，则要待案件审理结束后，根据审理情况决定。具体有以下几种：

（1）一般情况下，诉讼费应由败诉的一方当事人负担；

（2）原告、被告各有胜败时，诉讼费由人民法院决定双方当事人共同分担，原则上是按胜诉、败诉的比例分担；

（3）败诉的一方是多人共同诉讼时，诉讼费用可由法院按他们的人数和各自与诉讼标的利害关系大小，确定各自负担多少，如其有专为自己利益的诉讼行为所支出的费用，应由该当事人负担；

（4）撤诉的案件，诉讼费由原告负担，减半收取；

（5）由人民法院调解达成协议的案件，诉讼费由当事人双方协商负担，协商不成的，由人民法院决定；

（6）第一审和第二审全部诉讼费用的负担，由二审调解结案的，由当事人双方协商负担，协商不成的，由第二审法院决定；

（7）如原告胜诉，预交的案件受理费，由法院责成被告负责偿付。

第四节　解决商标侵权的具体步骤

为了让读者对商标被侵之后的处理方式有个完整的理

解，笔者对处理步骤进行了如下整理：

步骤一：对侵权行为进行调查

在商标官司正式启动之前，需要对被告的侵权行为及侵权产品的销售日期、销售数量、销售利润等情况进行调查。一旦在官司中胜诉，则被告需要将其通过侵权获得的利润全部赔付给原告。一般来说，可以聘请专门的调查公司进行调查，也可以自行完成。

步骤二：对侵权者的知识产权进行全面调查

在这个步骤中，需要对侵权者的商标、企业名称、域名等进行全面调查，从而确定侵权者的商标侵权行为是否拥有豁免权。正如本书前面提到的，如果侵权者的商标比原告的商标注册日期早，则其拥有在原有范围内继续使用商标的权利。

步骤三：发出律师函

在搜集完主要侵权证据之后，为了最大限度地节省律师费，笔者建议在诉讼之前先发出律师函，以便给侵权者一个主动改正错误的机会。

为了最大限度地发挥律师函的作用，不仅可以将律师函发给侵权者本身，还可以向侵权者的合作伙伴发送律师函，以便在外围给侵权者施加压力。

步骤四：向工商局进行投诉

根据笔者的经验，大部分地区的工商局具有商标侵权查处职能，在正式启动诉讼之前先向工商局进行投诉，一方面可以寻求短、平、快的解决方案，另一方面也可以让工商局辅助进行侵权取证的工作。

需要提醒注意的是，工商局即使认定存在商标侵权行为，也不能直接要求侵权者向商标权人进行赔偿，只能对侵权者进行行政处罚。如果商标权人希望获得经济赔偿，还需要继续打商标官司。

向商标局的行政投诉一般需要采取书面形式，写明有关情况并提供相关证据，如侵权嫌疑人名称、地址，涉嫌侵权行为的发生地，涉嫌侵权的商标标识或者物品（照片、影印资料），等等。同时，投诉人也可以通过电话向工商行政管理部门投诉。

商标权人向工商局相关部门进行投诉，请求保护其商标专用权的，应当递交书面投诉申请，同时附送其有效的证明材料，具体包含内容：

一是投诉书（包括投诉对象、投诉事项及要求、权利人或投诉人联系方式）。

二是商标权利人权利状况（商标注册证明）。

三是商标实际使用图片（包括权利人自己商标实际使用图片，被投诉人商品商标实际使用图片）。

四是涉外商标的，按照规定出具相应的公证、认证材料。

五是对查获的涉案物品，工商行政管理部门可以要求权利人（含有授权的代理人）对涉案商品是否为权利人生产或许可生产的产品提供辨认意见。

步骤五：启动商标诉讼

通过前面几个步骤的工作，如果仍然没有获得满意的结果，或者希望获得侵权赔偿，便可以正式启动商标官司。

商标侵权诉讼的取证方法有三种方式：委托律师调查取证、申请公证机关进行证据保全、申请法院进行诉前证据保全。

由于商标侵权案件专业性较强，由权利人自行取证，对取证的方向和范围把握会有一定的难度。律师不仅具有丰富的法律知识，而且具有丰富的办案经验和熟练的诉讼技巧。一般来说，律师调查取证要比当事人调查取证更为方便、有效，收集证据的范围也更加广泛、精确，在司法实践中往往具有较高的可信度。

公证机关的法定业务之一便是“保全证据”。公证证据具有推定为真的效果，一般被法院直接采信，除非有相反证据足以推翻公证证明。公证机关对证据进行保全，其效果与法院依职权所进行的保全基本等同。在诉讼前，当事人能够充分运用公证机关收集、保全证据，是做好诉讼前准备的有效措施。

商标法规定了在商标侵权案件中，可以向法院申请诉前证据保全。保全措施后，当事人或利害关系人应在法定时间段里提起诉讼。如果没有向法院提起诉讼，则此种保全措施应当予以解除，或者将有关证据予以销毁或发还，申请人要就此所造成的损失承担赔偿责任。民事诉讼法规定，因客观原因不能自行调取证据，或对足以影响案件的关键证据调查手段穷竭后，或者人民法院认为审理案件需要的证据，人民法院应当调查收集。通常分为三类：

（1）保全被控侵权产品；

（2）调查被控侵权单位的财务账册，以便确定赔偿额；

（3）调取被控侵权人存在侵权的证据。

法院通常采取的措施是对易拍照的被控侵权产品采用拍照的方式，或采用记录下被控侵权产品的技术特征的方式，对易于调取的书籍、商标实物等采用扣押、提取等手法，而对于被控侵权人的财务账册往往因侵权人的阻挠或隐藏而极难得到。

为了使得商标诉讼获得最大的胜率，经常需要确定是否引入更多的被告。在商标侵权行为的实践中，有印制侵权商标标识、侵犯服务商标专用权和制造、销售侵犯商标专用权商品等直接和典型的商标侵权行为，也有帮助、教唆商标侵权的间接和非典型的商标侵权行为，例如为商标侵权行为提供仓储、运输、邮寄、隐匿等便利条件的行为。若干个被告在实施上述行为时，其侵权行为可能发生在同一法院管辖的地域，也可能不在同一法院管辖的地域。众多被告是否都要列为共同被告？下面对此进行详细说明。

在商标侵权案件中，最为常见的情况是几个被告共同侵权。共同侵权的条件是，被告在主观方面有共同过错，共同过错表现为被告之间有共同的意思联络，而排除某个被告的行为偶然与他人的行为发生竞合。在后一种情况下，法院对被告在实体上要分清责任，程序上可以不要求被告参加共同诉讼。被告在行为上都表现为积极的作为，在商标侵权案件中，被告因为消极地不作为而导致侵权的案例是很少见的。积极作为具体表现在被告之间在进行意思联络之后有明确的分工，包括委托设计、印制侵权商标标识、委托加工或者共同制造侵犯商标权商品的成品和半成品，以及负责商标侵权产品的监制、总经销、包销或者分销、仓储、运输、隐匿、邮寄等职能。

在上述场合，商标侵权行为损害的共同性和不可分割性是由各个被告的共同过错造成的，是被告集体行为所致，因此在诉讼中，他们应当列为共同被告。如果上述被告不在同一地点，任何一个被告的住所地法院都对这一商标侵权的共同诉讼有管辖权，也即权利人可以按照自己的意志，选择任何一个侵权人的住所地法院起诉，在起诉状中，原告可以以共同诉讼的诉因，将上述被告住所地的所有侵权人列为共同被告参加一个案件的诉讼。法院判决侵权赔偿时，每一个被告首选的标准是以各自的侵权获利作为承担侵权赔偿的依据。

如果在某个案件的几个被告当中，有的被告的侵权获利能够计算出来，自然以其侵权获利作为赔偿的依据；如果有的被告的侵权获利难以计算出来时，则可以考虑以原告受到侵权所遭受的损害作为被告赔偿的依据。需要强调的是，在共同侵权之共同诉讼中，被告除了自己就其侵权行为各自承担赔偿责任以外，还要就各自承担的侵权赔偿承担连带的补充清偿责任。

但是如果原告就几个彼此有关联被告的商标侵权行为提起诉讼，而几个被告的侵权行为又看不出存在共同的意思联络或者共同过错，则情况变得复杂起来。例如，被告一专门印制各种商标标识并出售，被告二购买侵权商标标识并制造侵权产品出售，被告三购买被告二生产的侵权产品并批发给其他零售商，在批发之前又委托被告四仓储和被告五运输。

如果上述五个被告分别在五个不同的地域，五个不同地域又分别属于不同的法院管辖，那么原告可以在任何一个被告的住所地法院同时起诉五个被告，当然也可以选择一个有管辖权的法院起诉其中的一个被告。对所起诉被告的选择权应当由原告行使。共同责任一定是共同诉讼，但是共同诉讼不一定是共同责任。

在非共同责任的情况下原告起诉若干有关联又属于分别侵权的被告参加共同诉讼，法院出于方便权利人和尽可能降低权利人的诉讼成本的原则下，可以将若干被告列明为共同诉讼的被告。但是在认定侵权的情况下，法院应当以被告因为侵权行为给原告造成的损失或者被告侵权行为所获得的利润分别各自独立向原告承担赔偿责任，在被告相互之间没有意思联络的情况下，被告之间不应当相互承担连带责任，在判决赔偿时，应当就每一个被告的各自行为判决他们各自承担相应的赔偿责任。

至于商标侵权的民事赔偿范围，我国商标侵权民事赔偿责任的范围包括因侵权造成的直接损失和间接损失，或者商标侵权者通过侵权获得的利润。其中，直接损失表现为商标权人的产品因侵权行为致销售量减少、利润下降的损失，可以根据权利人因侵权所造成商品销售减少量与该注册商标商品的单位利润乘积计算，间接损失则包括权利人可得利益的损失和为制止侵权行为、防止损失扩大而支付的合理费用以及符合国家有关部门规定的律师费用。商标侵权者获得的利润的计算方法是根据侵权商品销售量与该商品单位利润乘积计算，该商品单位利润无法查明的，按照注册商标商品的单位利润计算。

若侵权产品的具体销售量无法查明的，可将侵权人正常经营时的日产量与侵权天数的乘积作为侵权销售量。其理由是：生产是为了销售，在侵权销量无法确定的情况下，推定侵权人正常经营时的生产量为侵权销售量是一个易行且较公平的做法，较好地保护了权利人的利益。若有异议，侵权人则应承担举证责任，否则侵权人应承担侵权销量不明而产生的不利法律后果，这是符合法律公平的。当然，在实践中用生产量推定销售量时，须扣除掉库存品、代销品和退货品。

在商标侵权诉讼中，销售者具有独立的诉讼地位。《商标法》规定了销售者的独立责任，因此商标权利人可以单独对销售者提起诉讼，如果销售者能提供合法来源，例如可以提供购进侵权商品的发票和进货单等证据，则销售者不需要承担赔偿责任，只需要停止侵权即可。

第五节　商标被以域名方式抢注后的处理方式

随着互联网和电子商务的高速发展，虚拟的网络已经成为市场竞争的重要手段和组成部分，市场竞争主体为了追逐网络所带来的最大利益，在注册和使用网络域名的过程中，经常使用与他人的注册商标、知名商号、知名商品名称等相同或近似的标识。因此，这些商标权、企业名称权、商号权等在先权利不可避免地受到侵犯。当在先合法权益受到侵犯时，根据现行的规定，域名争议解决途径主要有两种，一种是行政裁决，向域名争议解决机构投诉，要求无条件转移侵权域名归在先权利人所有；另一种是通过司法途径，向人民法院提起诉讼，请求域名注册人停止侵权并赔偿经济损失。

下面对两种解决途径的依据和条件进行介绍。

1. 投诉人向域名争议解决机构投诉的依据、条件和结果

（1）投诉人向域名争议解决机构投诉的依据。

无论是按照《统一域名争议解决政策》和《统一域名争议解决政策之规则》的规定，还是根据《中国互联网络信息中心域名争议解决办法》的规定，任何机构或个人认为他人已注册的域名与该机构或个人的合法权益发生冲突的，均可以向适合的争议解决机构提出投诉。

《统一域名争议解决政策》和《统一域名争议解决政策之规则》是由中国互联网络信息中心（ICANN）认可的，为以 .com、.net、.org 等结尾的顶级域名提供注册服务的注册商所采纳，同时它是域名注册商和域名注册人之间的约定（在申请域名注册时，有关规则就已经以附件的形式纳入了注册协议）。两者为因域名注册和使用而引发的有关争议设定了条款和条件，当第三方向域名争议解决机构提出投诉时，需以书面方式载明有关投诉应根据该政策和规则予以裁决的请求。

根据《中国互联网络信息中心域名争议解决办法》提出投

诉的争议域名限于由 ICANN 负责管理的. cn 域名和中文域名。所争议域名注册期限满两年的，域名争议解决机构不予受理。

（2）投诉人投诉时应当根据具体情形核实是否同时具备以下条件：

① 被投诉的域名与投诉人享有民事权益的名称或者标志相同，或者具有足以导致混淆的近似性；

② 被投诉的域名持有人对域名或者其主要部分不享有合法权益；

③ 被投诉的域名持有人对域名的注册或者使用具有恶意。

（3）投诉人投诉时应该核实被投诉人是否具有以下恶意行为：

① 注册或受让域名的目的是为了向作为民事权益所有人的投诉人或其竞争对手出售、出租或者以其他方式转让该域名，以获取不正当利益；

② 多次将他人享有合法权益的名称或者标志注册为自己的域名，以阻止他人以域名的形式在互联网上使用其享有合法权益的名称或者标志；

③ 注册或者受让域名是为了损害投诉人的声誉，破坏投

诉人正常的业务活动，或者混淆与投诉人之间的区别，误导公众；

④ 其他恶意的情形。

（4）裁决的结果：

域名争议解决机构作出的裁决只涉及争议域名持有者信息的变更。域名争议解决机构的专家组认定投诉成立的，应当裁决注销已经注册的域名，或者裁决将注册域名转移给投诉人。专家组认定投诉不成立的，应当裁决驳回投诉。

2. 权利人向人民法院提起诉讼的法律依据、条件和结果

（1）权利人向人民法院提起诉讼的法律依据。

根据《商标法》《反不正当竞争法》和最高人民法院《关于审理涉及计算机网络域名民事纠纷案件适用法律若干问题的解释》等法律法规，在先合法注册或使用的商标、企业名称、知名商品名称等均受法律保护。具体案件，根据争议的法律关系的性质和具体情形，确定相应的案由和法律依据，向人民法院提起诉讼。

（2）权利人提起诉讼时应当根据具体情形核实以下条件：

① 原告请求保护的民事权益合法有效；

② 被告域名或其主要部分同原告要求保护的权利客体之间具有相似性，足以造成相关公众的误认；

③ 被告对该域名或其主要部分不享有权益，也无注册、使用该域名的正当理由；

④ 被告对该域名的注册、使用具有恶意。

对同时符合以上各项条件的，人民法院应当认定被告注册、使用域名等行为构成侵权或者不正当竞争。

（3）人民法院如何认定被告对该域名的注册、使用具有恶意被告的行为被证明具有下列情形的，人民法院应当认定其具有恶意：

① 为商业目的将他人驰名商标注册为域名的；

② 为商业目的注册、使用与原告的注册商标、域名等相同或近似的域名，故意造成与原告提供的产品、服务或者原告网站的混淆，误导网络用户访问其网站或其他在线站点的；

③ 曾要约高价出售、出租或者以其他方式转让该域名获取不正当利益的；

④ 注册域名后自己并不使用也未准备使用，而有意阻止权利人注册该域名的；

⑤ 具有其他恶意情形的。

以上情形具备其一即可认定为具有恶意，但是，被告举证证明在纠纷发生前其所持有的域名已经获得一定的知名度，且能与原告的注册商标、域名等相区别，或者具有其他情形足以证明其不具有恶意的，法院可以不认定被告具有恶意。

（4）诉讼案件判决结果：

人民法院认定域名注册、使用等行为构成侵权或者不正当竞争的，可以判令被告停止侵权、注销域名，或者依原告的请求判令由原告注册使用该域名；给权利人造成实际损害的，可以判令被告赔偿损失。

因此，现行的法律体系已经构建起了域名的基本法律秩序，为实践中大量的域名纠纷指明了具体的解决方案，有力地解决目前大量存在的域名纠纷，为权利人合法权益的维护和网络的健康发展提供了有力的法律保障。

以下举个例子进行详细说明。

原告A公司自设立以来，一直在其产品上使用椭圆字体"DUPONT"作为产品制造者的识别标志。从1986年至今，A公司在商标局陆续通过办理受让和注册手续，取得椭圆字体"DUPONT"注册商标，并通过制作电视专题片、参加专题展览会、举办产品推介会、发布广告等形式进行宣传，该商标在中国境内具有较高的知名度。被告B公司的经营范围为计算机网络信息咨询服务、计算机网络在线服务、电子计算机软硬件的技术开发等。1998 年，该公司在中国注册了域名“dupont. com. cn”。A 公司发现后曾致函 B 公司，要求后者停止使用该域名。之后 A 公司向法院提起诉讼，一、二审法院经审查，认为 B 公司域名侵犯原告的注册商标，判决立即停止使用。

本案的争议焦点在于：被告 B 公司所注册使用的域名是否侵犯原告 A 公司的商标专用权。关于该焦点，法院认为：给他人的注册商标专用权造成其他损害的行为，是侵犯注册商标专用权的行为。被告 B 公司将原告 A 公司的商标注册为域名，已经在事实上妨碍了 A 公司在中国互联网上使用自己的商标进行商业活动的后果，给 A 公司的商标专用权造成了损害，依法应当认定 B 公司的行为侵犯了 A 公司的商标专用权。

笔者认为：域名具有识别功能，是域名注册人在互联网上代表自己的标志。域名所具有的识别性使得其在商业领域具有重要的知识产权意义，企业往往尽可能使用其商标或商号作为域名，使访问者可以通过域名识别网站创立者的商品和服务。将与他人注册商标相同或相近的文字注册为域名，并且通过该域名进行相关商品交易的电子商务，容易使相关公众产生误认的，属于给他人注册商标专用权造成其他损害的行为。具体到本案中,“DUPONT”文字标识是原告 A 公司椭圆字体“DUPONT”商标中最重要的一部分,被告 B 公司在不能说明其产品与 A 公司有任何联系,亦不能证明其对该文字享有在先使用权的情况下,将该商标中的文字作为最具识别性的内容注册了“dupont. com. cn”域名并在互联网上使用,必然会混淆该域名与 B 公司注册商标的区别,引起相关公众的误认。

另外,B 公司将该商标注册成域名具有主观上的恶意。B 公司的经营范围就包括代理域名注册的业务,其应当知道在进行域名注册时不得使用他人已经在中国注册过的企业名称或商标,却将 A 公司的商标注册成域名,由此可知,其行为具有恶意,妨碍了 A 公司使用自己的商标在互联网上进行商业活动,已经构成对 A 公司商标专用权的侵犯。同时,B 公司在收到 A 公司发来的警告信后,仍不纠正这种不当行为,违反了《反不正当竞争法》第二条所规定的,经营者在市场交易中,应当遵循自愿、平等、公平、诚实信用的原则,其行为还构成不正当竞争。

在该案中,被告以域名的形式使用了原告的商标,从而被认定为构成商标侵权,但是如果被告仅注册了域名但是并没有将其用来混淆商品的来源,还会构成商标侵权吗?

商标的功能主要有表示来源、保证品质、广告宣传和彰显个性等，其中表示来源是其最为基本的功能。同样，具有"网上商标"之称的域名，也具有标示来源的作用。有人形象地将域名比喻为"门牌号"，其标示来源的作用显而易见。

商标的保护范围界定为相同或类似的商品上，如果是注册的驰名商标，则使用跨类保护。如果只是单纯的域名注册行为而没有使用，并没有将相应的域名与其他商品建立联系，事实上也没有可能使相关公众产生混淆和误认。保护商标实际上保护的是商标背后的商誉，如果仅仅注册域名，而没有投入使用的话，很难说对商誉造成了损害。因此，互联网域名侵犯商标专用权不仅要有注册的行为，还应当有使用的行为。

为什么抢注域名本身不构成侵权，但却会受到法院制止？

仅仅域名注册的行为不侵犯商标专用权，这一论断并不是承认此行为就是合法的，他事实上阻止了其他人再注册这个域名的机会。如果他人与这个域名有更紧密的联系，而且域名注册人存在主观恶意的话，那么此注册行为就违反了诚实信用原则，对他人的市场拓展产生了一定的阻碍，可能对他人构成不正当竞争。这也就是为什么抢注域名本身不构成侵权，但却会受到法院制止的原因。

单纯的注册行为，而未使用，能否判断为"恶意"？

针对这个问题，不同的法院有不同的判决。在2012年3月上海第二中级人民法院审理的一起关于周立波域名纠纷案中，上海二中院根据岳某曾经提出过高价邀约出售该域名，认定岳某构成“恶意注册”。北京第一中级人民法院审理的有关卓美亚公司与夏倩的域名纠纷案中，法院驳回了卓美亚公司的诉讼请求，认为被告夏倩仅仅是注册了含有原告公司英文名字的域名，并未进行实际投入使用，也没有阻止卓美亚公司注册该域名的恶意，而且注册本身不属于恶意范畴，亦未向卓美亚公司提出高价邀约，因此，不构成“恶意”。

在英特艾基公司与国网公司计算机网络域名纠纷案中，一审法院北京市第二中级人民法院认为被告国网公司将原告“IKEA”驰名商标注册为自己的域名“ikea. com. cn”，并在该注册域名内设置了语音论坛的主页，但并未按照其所设置的页面的目的进行实际使用，该行为为主观恶意，违反了公平竞争、诚实信用的基本原则，侵犯了原告作为驰名商标权人的合法权益，应当承担相应的民事法律责任。国网公司不服一审判决，提起上诉。北京市高级人民法院认为英特艾基公司的证据不足以证明“IKEA”注册商标在国网公司注册“ikea. com. cn”域名时已成为驰名商标，因此国网公司注册域名的行为未构成对英特艾基商标专用权的侵害。

在宝洁公司与国网公司计算机网络域名纠纷案中，审理该案的两级法院均认为，虽然国网公司注册的域名没有实际投入使用，但是阻止了宝洁公司对相应域名的注册，构成不正当竞争。

笔者认为，将他人的商标注册为域名，并没有进行商业利用，是否一定会导致恶意这个问题不能一概而论。商标的主要功能是区分自己的商品服务与别人的商品服务，是在商业范围之内进行讨论的。如果域名注册人将他人的商标注册为了域名，却没有进行商业性的利用，则要根据个案具体情况判断其主观是否具有恶意。

根据笔者的经验，从目前发生的域名纠纷案件来看，域名与商标的纠纷案件最多，也最具有代表性。域名与商标的纠纷可以从两个方面来考虑：一是商标对域名注册及使用的影响；二是域名注册及使用对商标的影响。

笔者认为，域名纠纷主要表现为两个问题：一是域名的分配问题，即域名的归属问题；二是商标的实施问题，即商标侵权问题。这两个问题的产生有一个共同的基础：商标所有人在现实物理空间取得的商标权的效力应同等于网络空间。但是，它们在表现形式上和法律后果上都有明显的差别：域名归属问题表现为商标所有人认为他人已经注册的域名应归其所有，因而提出确权之诉；商标侵权问题表现为商标所有人认为他人注册和使用域名的行为侵害了其商标权，因而提出侵权之诉。

域名与商标的纠纷主要有以下类型：

（1）善意域名抢注。注册人注册是善意的，其目的不是为了损害商标权人的合法权益。从表面上看，被告的先注册行为阻碍了原告使用其商标作域名，但由于原告不能为该商标的知名度和影响范围提供证据，被告在注册后也从未向原告要过一分钱，不构成恶意抢注。

（2）恶意域名抢注。恶意抢注是指域名持有人持有的域名与异议人所持有的商品或服务商标完全一致或极其相似，且域名持有人对域名本身并不享有任何合法的权利和利益，且域名的注册和使用均为恶意。

以下是笔者在实践中碰到的常见问题，供读者参考，以便快速找到自己关心的问题的答案。

1. 如何解决域名恶意抢注纠纷？

答：作为中国互联网络信息中心授权的争议解决机构，即中国国际经济贸易仲裁委员会网上争议解决中心暨域名争议解决中心，依据《中国互联网络信息中心域名争议解决办法》解决.cn/中文域名争议。作为美国互联网络名称和编码分配机构所指定的世界四家通用顶级域名争议解决机构之一的亚洲域名争议解决中心北京秘书处，依据互联网络名称和编码分配机构《统一域名争议解决政策》解决诸如.com、.org、.net等通用顶级域名争议。如果发现自己的商标或商号等享有合法民事权益的标识被他人恶意抢注为域名，可以向上述两家机构提出投诉，予以解决。

2. 域名争议投诉获得支持所必须具备的条件是什么？

答：为使投诉得到支持，投诉人必须证明以下三种情形同时具备。

（1）被投诉的域名与投诉人享有民事权益的名称或者标志相同，或者具有足以导致混淆的近似性；

（2）被投诉的域名持有人对域名或者其主要部分不享有合法权益；

（3）被投诉的域名持有人对域名的注册或者使用具有恶意。

3. 如何判断域名注册人恶意注册和使用域名？

答：域名持有人具有下列情形之一的，其行为构成恶意注册或者使用域名。

（1）注册或受让域名的目的是为了向作为民事权益所有人的投诉人或其竞争对手出售、出租或者以其他方式转让该域名，以获取不正当利益；

（2）多次将他人享有合法权益的名称或者标志注册为自己的域名，以阻止他人以域名的形式在互联网上使用其享有合法权益的名称或者标志；

（3）注册或者受让域名是为了损害投诉人的声誉，破坏投诉人正常的业务活动，或者混淆与投诉人之间的区别，误导公众；

（4）其他恶意的情形。

4. 域名争议解决程序怎样进行？

答：一般来说，解决程序分以下几个步骤：

（1）投诉人提交投诉书；

（2）域名争议机构向被投诉的域名持有人发出程序开始通知，要求其针对投诉进行答辩；

（3）被投诉人提交答辩书；

（4）域名争议机构指定专家，组成专家组，审理案件；

（5）专家组作出裁决；

（6）域名注册服务机构执行专家组裁决，将所涉域名予以注销或转移，或者维持域名持有人的地位。

5. 如果投诉人已经向中心提出投诉，那么他能否再就同一域名争议向法院提起诉讼？

答：在提出投诉之前，域名争议解决程序进行中，或者专家组作出裁决后，投诉人或者被投诉人均可以就同一域名争议向法院提起诉讼。

6. 如何执行专家组作出的裁决？

答：专家组裁决注销域名或者裁决将域名转移给投诉人的，自裁决在中心网站公布之日起满10日的，域名注册服务机构予以执行。但被投诉人自裁决公布之日起10日内提供有效证据证明有管辖权的法院已经受理相关争议的，域名注册服务机构将暂停执行中心专家组的裁决。

对于暂停执行的争议解决机构的裁决，域名注册服务机构视情况作如下处理：

(1) 有证据表明，争议双方已经达成和解的，执行和解协议；

(2) 有证据表明，有关起诉已经被驳回或者撤回的，执行中心专家组的裁决；

(3) 有关法院作出判决，且已发生法律效力的，执行该裁判。

第六节　商标诉讼中律师费的承担

律师代理费常见的计费方式有按照案件件数收费（可以分成不同阶段，如刑辩）、计时收费（一般常见于法律咨询）、按照标的额收费（一般常见于经济纠纷案件）、风险代理收费。当事人与律师之间的经济关系从本质上来说属于民事关系，因此具体以何种方式支付、支付的多少均是可以由双方当事人在不违反法律法规的强制性规定的情况下协商确定的。

律师费具有以下特点：

（1）律师应当以其所在律师事务所的名义统一收案收费，不得私下收取律师费。

（2）律师费不同于办案经费，律师为处理受托事务支出的必要费用仍须委托人承担。比如交通费、住宿费、司法鉴定费等。

（3）律师费不同于诉讼费，律师费是基于委托关系产生的民事代理费用，诉讼费是基于向法院提起诉讼产生的强制性费。律师费是可协商的，诉讼费是不可协商的。

律师服务收费可以采取常规收费、包干收费、风险收费等收费方式。

常规收费是参照诉讼程序的级别进行，诉讼程序为“二审终审”制，即诉讼分一审阶段、二审阶段，首次提起诉讼即为一审，一审判决或裁定后，如一方当事人不服，即可提起二审，二审判决为终审判决，一般情况不得再提起诉讼。但是现实中，判决之后还有执行程序的提起，即判决后如果对方不履行判决确定的内容，另一方当事人申请法院强制执行对方当事人的财产以使判决内容得以实现（即平时所说的查封、扣押财产）。相对应的，律师收费也就有一审收费、二审收费、执行程序收费三个阶段。

包干收费是指收取一次费用后将案件负责到底，即只收取一次费用而负责一审、二审、执行三个阶段。收费标准在常规收费中一审收费的基础上适当调高。

风险收费是指在执行到判决、调解、和解的款项之前，只收取较少的费用，待胜诉或执行到款项后再收取较高的费用。收费标准为前期费用大约为 2 000～10 000 元，胜诉后为胜诉或执行到款金额的 10％～30％。

以上收费方式由律师和委托人根据具体情况协商确定。

总之，律师收费的方式及收取多少律师费用都是由律师与委托人在一定范围之内协商确定的。具体某一个案子如何收费以及收取多少律师费，都应该与律师个人协商确定。

根据《商标法》的规定，侵犯商标专用权的赔偿数额应当包括权利人为制止侵权行为所支付的合理开支，这里的合理开支包括原告对侵权行为进行调查、取证的合理费用。这意味着，如果原告胜诉，律师费将由被告承担。

对于商标纠纷而言，并非只能通过聘请律师打商标官司来解决。根据笔者多年的商标维权经验，除了通过打商标官司，还可以通过工商局的商标保护部门进行行政投诉或者向侵权方发送律师函来解决，而且通过这两种方式的成本非常低，建议在正式打官司之前进行尝试，往往会起到意料不到的好效果。

第十章　如果被指控构成商标侵权该如何应对

由于听了笔者的一次公开演讲，有一个淘宝商铺的老板给笔者发了一封咨询信，内容如下：

朱律师您好，最近我的淘宝商铺由于被投诉构成商标侵权，所以整个店铺被封，事实上，我的商品一件都没有卖出，只是跟风在标题上取了个他们的名字，可为什么淘宝上还有很多其他卖家也是这样做的却没有被投诉，我该怎么处理呢？

笔者的回复大致如下：

根据您描述的情况，您跟风给自己的商品起了同别人商品相近似的名字，估计还可能用了别人的商标图案，这种做法非常普遍。虽然还没有看到详细资料，您是否侵权还不能确定，但是我估计您侵犯他人商标专用权的可能性很大。商标专用权保护的是图案、文字、色彩及其结合，法律禁止他人使用同注册商标相同或相近似的图案、文字、色彩及其结合。因此，判断你是否侵权的关键在于把你为商品设计的图案、文字、色彩及其结合同别人注册商标使用的图案、文字、色彩及其结合进行细致比对，这个工作您自己就可以做，也可以叫别人帮您一起判断。如果完全不同，那你就不用怕，您没侵权。相反，您就侵权了。如果您确定没有销售该商品，向投诉方和淘宝提供相应的证据就可以，问题不大，跟对方达成和解之后就可以恢复商铺的运营了。

最近笔者指导这位店铺老板以非常小的代价与投诉方达成了和解，最终得以恢复商铺的运营。

近几年笔者已经碰到大量类似这样的案例，通常是在国内外电子商务平台（包括淘宝、天猫、亚马逊、京东）上被商标权人投诉，国内平台相对容易处理，亚马逊国外平台上一旦被投诉或起诉，很容易造成 paypal 上几万元到几百万、几千万元的资金被冻结，如果不积极应诉，损失会非常惨痛。

根据笔者的经验，如果您被控商标侵权，建议采取以下的应对措施：

（1）了解该商标注册时申请的商品项目，是否与您使用的商品项目一致，如果其注册商品项目与您商品不符，则不存在侵权行为；

（2）了解对方是否真实地在使用该商标，如果对方三年以上未使用，您可以向您店铺所在电子商务平台先申诉，随后以对方商标连续三年未使用为由向商标局提出“三年不使用撤销”申请，撤销对方商标；如果对方曾多次投诉他人侵权，且索取过赔偿，获得利益，对商标的使用不具实质性，可以以恶意注册为由提出申诉，同时向商标局申请对此商标做无效宣告。

(3) 如果对方在自己不使用商标的情况下，多次投诉他人侵权并且获得一定利益，则可以以此为理由向其所在电子商务平台进行申诉，主张其存在恶意投诉。

当然，如果对方不存在上述情况，则属于正当维权行为，您应当听取投诉方要求，立即将相关商品下架。

第一节　指控者可以对你采取的惩罚措施

要了解指控者可以对你采取的措施，首先要了解商标侵权者需要承担的法律责任。根据笔者的经验，一旦被认定为构成商标侵权，您可能要承担民事责任、行政责任、刑事责任。

一、民事责任

商标侵权行为的民事责任承担方式为：

(1) 停止侵害。停止侵害，是指停止商标侵权行为，如停止生产或销售侵权产品的行为；停止继续制造或销售他人注册商标标识；停止在同一种或类似的商品上使用与他人注册商标相同或近似的商标以及停止继续为侵权行为提供各种便利条件等。

（2）消除影响、赔礼道歉。当商标权人因他人侵权行为造成自己商誉等损害时，有权要求侵权人在造成影响的范围内以当面、书面或登报等方式说明事实真相消除消极影响。在通常情况下，消除影响往往与赔礼道歉同时使用，公开赔礼道歉的内容在受损害的范围内传播即起到了消除影响的作用。

（3）赔偿损失。赔偿损失，是指侵权人应当对其商标侵权行为造成商标权人的实际财产损失负有支付金钱以弥补损失的责任。赔偿额的计算以侵权人在侵权期间因侵权所获得的利润，或者受害人因侵权所受到的损失为依据。

（4）法院可以判决侵权人承担停止侵权、排除妨碍、消除危险、赔偿损失、消除影响等民事责任，还可以作出罚款、收缴侵权商品、伪造的商标标识和专门用于生产侵权商品的材料、工具、设备等财物的民事制裁决定。

二、行政责任

对于侵犯注册商标专用权的，工商局可以采取下列措施给予处罚：

（1）责令立即停止销售侵权商品；

（2）没收、销毁侵权商品；

（3）没收、销毁专门用于制造侵权商品、伪造注册商标标识的工具。

(4) 处以罚款,对侵犯注册商标专用权但尚未构成犯罪的,工商局可以处以非法经营额50%以下或侵权所获利润五倍以下的罚款,对侵权单位的直接责任人,可根据情节处以1万元以下罚款。

三、刑事责任

除了行政责任和民事责任外,侵犯商标权还可能构成假冒注册商标罪、销售假冒注册商标的商品罪、非法制造注册商标标识罪、销售非法制造的注册商标标识罪。

假冒注册商标罪、销售假冒注册商标的商品罪的起刑标准定为销售金额在5万元以上,将非法制造、销售非法制造的注册商标标识罪的起刑标准定为非法经营数额在5万元以上或违法所得数额在3万元以上。另外,假冒两种以上注册商标,非法经营数额在3万元以上或者违法所得数额在2万元以上的,也属于追究刑事责任的范围。

第二节　销售者答辩技巧之合法来源

近年来,商标侵权诉讼的新动向是商标权人出于种种考量,并不起诉侵权商品源头的生产商,而是直接起诉大量位于侵权链条终端的销售商。个中原因在于,随着我国知识产权司法保护力度的不断加大，侵害商标权的生产商采用的制假、傍名牌等侵权手段和方法越来越隐蔽，使得权利人在侵权商品没有进入零售市场前，很难发现生产商的侵权行为，起诉生产商困难重重，权利人往往只能从商品流通市场收集证据——即便此时在市场零售环节，发现假冒其商标的产品，仍难以确定侵权商品的生产商，因此商标权人往往只能通过起诉销售侵权商品的销售商来维护其合法权益，并试图通过诉讼追查到侵权商品的生产商以便进一步维权。

在以销售商为被告的商标侵权纠纷案件中，销售商往往以其销售的侵权商品具有合法来源为由进行抗辩，以求免除赔偿责任。司法实践中，法院在审理此类案件时，当事人举证和法院审查重点都集中在合法来源抗辩的认定上，这需要结合具体案情，区分不同类型销售商和不同种类商品，对被控侵权商品是否具有合法来源作出认定。

在知识产权法律体系中，《专利法》《著作权法》和《商标法》均对销售商的合法来源抗辩作出了规定。从法律规定本身来看，虽然《专利法》《著作权法》和《商标法》对合法来源抗辩的规定在措辞上不尽相同，尤其《著作权法》的合法来源抗辩未列明销售商的主观心理状态，对合法来源抗辩成立的法律后果规定不明，但合法来源规定的法理基础是相同的。在基于保护交易安全和正常交易秩序，在权衡商标所有权人利益与善意第三人利益的基础上，法律确立了善意取得制度。同理，在市场经济活动中，交易存在多个环节，一件商品要经过生产、批发、零售等渠道从生产商流通到消费者手中，基于利益平衡的考虑，为平衡权利人与不同交易环节的销售商之间的利益，《专利法》《著作权法》和《商标法》均规定了合法来源抗辩，通过赋予销售商一定的法律义务，要求销售商在不知道其销售商品侵权的情况下，以提供该侵权商品的合法来源为条件，免除其赔偿责任，并便于权利人通过诉讼找到侵权商品的生产源头，加大对权利人的保护力度；同时对销售商施加适度的法律义务，只要销售商通过合法正规的进货渠道，以合法的进货方式取得侵权商品，并尽到了合理的审查注意义务，不知道是侵权商品的，销售商可免除赔偿责任，从而降低销售商在交易中的法律风险，保护其正当利益，兼顾知识产权与公共利益的平衡，以达到既保护知识产权权利人的利益，又维护交易安全，促进商品的正常流通和使用的目的。

根据合法来源抗辩的规定来看，销售商主张合法来源抗辩应具备以下两个条件：

(1) 销售商所售侵权商品具有合法来源。“合法来源”是指销售商所销售的商品系通过合法途径取得并能说明提供者，合法途径既包括进货渠道合法也包括进货方式合法。销售商需举证证明其从合法渠道以合法的进货方式从供货商处进货，如果销售商通过走私等非法途径进货，或销售商以明显低于合理价格的低价进货，则不属于合理的进货渠道和进货方式。此外，《商标法》还明确要求销售商需说明提供者才能免于赔偿。笔者建议在证明“合法来源”方面尽量提供进货发票、购货合同、销售清单等证据材料，并从中找到提供者的信息，进而通过工商档案查询的途径对涉案商品来源予以确定。

（2）销售商主观无过错。从法律条文的字面来看，侵权商品具有的合法来源抗辩明确规定了销售商不知道其销售的商品系侵权商品的主观心理状态。由此观之，商标侵权案件合法来源抗辩成立的另一要件是销售商主观无过错，即销售商不知道其销售的商品侵犯了他人的商标权，该主观要件与客观要件“合法来源”系并列关系，即“销售商主观无过错”与“销售商所售侵权产品具有合法来源”均是判断销售商不承担赔偿责任的充分必要条件。

下面分别对上述两个条件进行详细说明。

一、销售商所售商品具有合法来源的认定

按照“谁主张，谁举证”的原则，销售商负有证明其销售的

被控侵权商品具有合法来源的责任。从具体案件审理情况来看，在诉讼中，销售商通常提供侵权商品的相应商业发票、购货合同、付款凭证、供货商的主体资格、收款收据、记账凭证、送货单、证人证言等证据材料，以证明其所售商品具有合法来源。

由于现阶段社会经济成分具有多样性的特点，从而决定了销售商身份的多样性，有法人单位的销售商，也有个体工商户的销售商，不同身份的销售商提供的证据材料也不尽相同。

对于法人单位的销售商，尤其是大型超市等比较有经济实力的销售商，由于其经营和财务管理较规范，且经营实力与供货商的实力较为对等，一般情况下可以提供较为完整的进货手续，包括购货合同、相应的商业发票、发货清单、收货清单，个别情况下还能够提供供货商出具的证明材料，法院也较易认定其销售的侵权商品有合法来源。

然而，对于个体工商户的销售商，在诉讼中往往不能提供相应的商业发票、购货合同，仅能提供送货单或收款收据，且送货单、收款收据上或所购商品信息不全，无法与侵权商品一一对应，或经营者信息不明、未加盖供货商的有效印章，考虑到送货单、收款收据多是由一方当事人出具的单方证据，缺乏商业发票所具有的社会公信力，且无法确认供货商的身份信息，销售商也无法提供法律意义上的供货商信息，因此，法院通常对这类证据材料不予采信，进而不能认定个体工商户销售商所售的侵权商品是从合法渠道进货，具有合法来源。例如，在某法院受理个体工商户被控销售侵权商品的商标侵权诉讼中，提出合法来源抗辩的个体工商户销售商所提供的证据均为送货单或收款收据，大多字迹模糊且缺乏供货商的信息或有效印章，均被认定合法来源抗辩不成立。

二、销售商主观是否有过错的认定

销售商合法来源抗辩成立的主观状态要求是“不可能知道也没有合理理由应当知道”所售商品侵权，即销售商“明知”或“应当知道”所售商品侵权，则合法来源抗辩不成立。在销售商能证明其所售侵权商品具有合法来源的情况下，如果权利人要求销售商承担赔偿责任，销售商在一般情况下不会承认其明知或应知所售商品侵权，并且作为一种消极事实，销售商也很难证明其确实不知道销售商品侵权，因此，权利人需举证证明销售商在明知或应知的情况下销售了侵权商品。而销售者是否明知或应知，作为一种主观心理状态，难以被直接感知，法院在认定时可以通过外在事实或行为来推定，如果销售者没有尽到合理的审查注意义务，则可认定其在主观上具有过错。

对于“明知”“应知”的认定具体如下：

1. 对于“明知”的认定

在审判实务中可以从以下两个方面进行审查。

（1）商标权人有证据证明其向销售商发出过律师函、警告信，信函已附上其权利的相关证明材料，且销售商确已收到，或销售商曾与权利人就所涉嫌侵权商品进行过交涉，在此情况下，销售商可以通过权利人的信函初步确认权利人主张的权利的法律状态，如果销售商仍继续销售侵权商品，则可以认定销售商销售侵权商品的主观状态系明知。

（2）商标权人有证据证明销售商曾因销售同样商品被相关行政执法部门行政查处，或就类似纠纷与权利人有过民事诉讼并被法院认定构成对权利人侵权的，事后销售商仍然继续销售侵权商品的，则可以认定销售商主观上系明知。在审判实践中，由权利人举证证明销售商“明知”的情况相对较少，尤其是在销售商为个体工商户的情况下，这是由于个体工商户流动性较大，易转手他人，若权利人在诉前向个体工商户发出警告信或律师函，个体工商户有可能为了逃避赔偿将店铺转手，躲藏起来，避免法院将其找到，最终致使权利人难以获得相应侵权赔偿，因此权利人在向法院起诉销售商，尤其是个体工商户侵权之前往往不向销售商发函，而是在案件审理过程中根据证据认定销售商是否应知商品侵权。

2. 对于"应知"的认定

对于销售侵权商品的销售商而言，客观上不可能要求其随时注意所售商品是否侵犯他人知识产权，否则可能妨碍商品的正常流通，并且作为处于商品流通链终端的销售商，其并不直接从生产商处购进商品，而大多是通过商品流通渠道中的供货商处购进，对他们而言客观上也较难识别出商品是否侵权。因此，销售商的注意义务应为普通人的注意义务，即销售商要尽到社会上一般理性人对他人应尽的注意，但对一般理性人的界定应结合其职业、社会经验、行业要求、经营状况等具体因素，并不能将一般理性人的注意义务等同于普通消费者的注意义务。在确定销售商应以普通人的注意义务审查所售商品的基础上，可以根据下列因素判断销售者是否尽到审查注意义务：

（1）销售商的资质。具体而言，对于批发商和零售商、大型规模的超市和一般个体工商户经营的小商店或临租柜台、专业经营店和普通经营店，所加以的审查注意义务应有所区别。批发商与零售商相比，往往处于商品流通的前端，更有能力判断其所售商品是否有权利瑕疵，更具有商业经营优势去全面审查商品的权利瑕疵，对商品真假的辨识能力高于零售商，因此对同一商品批发商的审查注意义务应比零售商更为严格。大型超市与个体工商户相比，大型超市的社会影响力和受众面比个体工商户大，其所售商品的流通度高，并且具有经营规模大、经济实力较为雄厚的经营优势，在确定交易手续、审查供货商资质方面与供货商有对等地位，能够办理较为完善的购销商品手续，而个体工商户在购进商品时，由于其小额交易居多、经营规模小，与供货商交易地位存在不对等的情况，时常难以取得购货发票，进出货手续较为简单、粗糙。因此，对大型超市应赋予较高的审查注意义务。此外，专业经营某种或某类商品的销售商比经营多种类的销售商应负有更高的审查注意义务。

(2) 商品的知名程度和进货价格。商品知名程度越高的商品，在市场上的影响力越大，相关销售者对该商品及相关商品价格知晓的可能性越大，其抗辩不知道所售商品侵权的可信度就越低，其在进货时应当对所购商品的商标、厂家、价格作出基本的判断，并且在集中销售某类商品的大型市场中。例如，汽车配件市场，其中聚集了上百家个体工商户专门从事汽车配件经营，一般可推定在汽车配件市场中的销售商应当知晓其所售商品的正常市场价格，若其所售的侵权商品购入价格与正常市场价格存在较大差异的，可以认定销售商未尽到审查注意义务。

(3) 对“三无产品”的审查。根据我国《产品质量法》的规定,通常将没有生产日期、质量合格证、生产厂家的商品称为“三无产品”,这种商品的生产者之所以不将其名称、地址等产品质量法规定的信息标注出来,往往是该商品存在侵犯权利人知识产权的风险,以防止权利人根据产品信息追究其侵权责任。对这类商品,具有社会常识的一般社会公众都能认识到该商品侵权可能性很大,那么,销售商也应当对此有所认识。如果销售商销售的侵权商品系“三无产品”,那么可以推定销售商对该商品侵权的风险是有所认知的,在此情况下,其仍然购进并销售该商品,主观上就明显有重大过失,可认定其未尽到审查注意义务。

(4) 区分特殊商品和普通商品。在生产与流通领域,如药品、保健食品、烟花爆竹、音像制品等商品,国家对其生产、卫生、质量、运输、销售等各环节都有着严格的规定,对各个环节的经营主体规定了各种资质要求,当这些特殊商品成为被控侵权商品时,应对销售商施加更高的审查注意义务。例如,对于音像制品,我国《音像制品管理条例》规定出版的音像制品及其包装的明显位置有标明出版单位的名称、地址和音像制品的版号、出版时间、著作权人等事项。《音像制品进口管理办法》规定出版进口音像制品必须在音像制品及其包装的明显位置标明国家版权局的登记文号和国家新闻出版署进出口批准文号，《出版物市场管理规定》规定从事出版物（出版物包括图书、报纸、期刊、音像制品、电子出版物等）批发、零售等企业单位应取得《出版物经营许可证》，并至少有一名负责人应当具有初级以上出版物发行员职业资格或者国家新闻出版署认可的与出版物发行专业相关的初级以上专业技术资格。

从知识产权法律对侵权商品的合法来源抗辩的相关规定来看，其立法本意是在规范市场交易、便于权利人从源头上打击侵权维护自身合法权益的同时，适当保护善意销售商，维护交易安全，促进商品的正常流通和使用。因此，应在具体案件审理过程中不断分析总结认定合法来源抗辩的考量因素，正确把握合法来源抗辩的裁判尺度，平衡知识产权权利人与不同交易环节的销售商之间的利益。

第三节　答辩技巧之合理使用

商标权合理使用是被指控商标侵权之后采用的常用答辩理由之一。

商标权合理使用是指商标权人以外的人在生产经营活动

中以叙述性使用、指示性使用、说明性使用或平行使用的方式善意使用商标权人的商标而不构成侵犯商标专用权的行为。例如：

（1）以除使用与他人商标相同或近似的文字、图形外，是否还加注了其他说明性文字以表明它的“说明性质”为判断标准。

为了说明本商品的型号、质量、主要原料、功能、用途、重量、数量及其他特点，商家可能不得不使用到他人商标，但如果商家在此商标前加注“主要成分”“功能”“使用方法”等说明性词语，就可以将混淆的可能性大大减小。例如，一个为苹果(Apple)手机生产配套手机电池的厂家在电池的显著位置标注“FOR iPhone”的字符，由于字符“FOR”存在，加大了区分度，不会造成对该电池来源的混淆，属于合理使用。

（2）以被告所使用的文字图形是否作为商标来使用，或者该文字或图形是否足以标识、区别商品来源作为判断标准。

如果被告并无使用该文字和图形作为商标的主观意图，而且在客观上根本不足以标识商品的来源，消费者基本不会基于该文字和图形就混淆商品，那么这种使用就不会侵犯商标权，而属于合理使用的范畴。

（3）以使用该说明性文字时是否刻意强调该文字的显著

性作为判断标准。

使用该说明性文字的方式是推测使用人主观意图的重要标准。如果使用人将他人的注册商标置于该商品的显著位置，甚至放大字体，加以亮色，进行艺术加工等以求引人注意，而将其他的说明性词语和自己的注册商标置于不明显之处，那么很容易推断商标使用人有“搭便车”的主观意图，并在客观上很容易造成消费者混淆商品的来源，应当不属于合理使用的范畴。比如，前面提到的为苹果手机生产配套手机电池的厂家如果在电池的显著位置标注“FOR iPhone”的字符，刻意突出“iPhone”的字符，而将自己的商标置于不显眼处，并将字符“FOR”尽可能地缩小甚至不予标注，那么我们可以看出该使用人有“搭便车”的故意，而且客观上容易造成误认，这种使用显然不是合理使用。

（4）以是否同时标有自己的商标作为判断标准。

如果使用人在使用与他人注册商标相同或近似的文字、图形作为自己商品的说明的同时也标有自己的商标，那么可以推断使用人更多的是将其作为商品说明来使用，缺乏或者没有不正当竞争或搭便车的企图，而且一般这种使用不会导致消费者对商品来源的误认，那么这应当算作合理使用。比如，联想电脑在标注“Intel Inside”的商标以强调其 CPU 的优质的同时又标注了自己的商标“Lenovo”，应当属于合理使用。反之，使用者不正当竞争的意图就比较明显了。

(5) 以商业惯例和行业协会的意见作为判断标准。

如果使用者所使用的名称是自己的姓名、商号或者商品的名称、形状、产地等，相对比较简单，容易识别。但对于商品的品质、功用等的说明性文字，应用范围比较广泛，进行区分有一定的难度，这时了解商业惯例就显得很重要，如果发生诉讼时征询一下行业协会的意见，再作判断就比较容易了。

(6) 以原告商标是否可能因被告的使用而利润下降、声誉受损作为判断标准。

客观后果也是商标合理使用的重要标准。如果原告在其商标被被告使用后，名誉受损，经营业绩明显下降，只要有确切证据证明这种后果与被告的使用之间有直接联系，那么可以断定，是被告的使用侵害了原告的商标权，进而破坏了原告的正常商业活动，应属不正当竞争行为，而被排除在商标的合理使用之外。

商标权的合理使用具体体现为以下几方面：

1. 叙述性合理使用

合理使用广泛适用于对商标的叙述性使用特别是对叙述

性商标的使用。叙述性商标合理使用保护的是生产经营者对自己生产经营的商品进行描述的自由,实质上是赋予竞争者对自身产品进行描述的权利。具体体现在为提供商品或服务的基本信息而善意地使用商品通用名称或自己的名称、地址、原产地等,不构成侵犯他人商标权。

2. 指示性合理使用

指示性合理使用是为了客观地说明商品或者服务的特点、用途等而在生产经营活动中使用他人注册商标的行为。指示性合理使用应具备的条件通常是:第一,如果不使用某商标,那么就无法描述特定的商品或服务;第二,使用商标对于特定的产品或者服务的提供是合理的、必须的;第三,使用该商标不得使消费者误认为该使用的商标是由商标权人发起并得到其支持的。

3. 说明性合理使用

(1)说明性合理使用的基本内涵

说明性合理使用在商标的合理使用中也较常见到。有时生产经营者为了向公众介绍自己所生产经营的产品的质量、功能、主要原料、用途、产品型号等涉及产品的基本信息,会牵涉到使用他人的注册商标问题。说明性合理使用在有关知识产权立法中得到了体现。

在实践中，有些商标由直接表示商品的原料、功能、用途、质量等普通词汇构成，也有的是直接含有地名的商标。根据我国《商标法》第11条规定，仅有本商品的通用名称、图形、型号的，仅仅直接表示商品的质量、主要原料、功能、用途、重量、数量及其他特点的，以及缺乏显著特征的商标，不得作为商标注册。但是，这些标志经过使用已取得显著特征，并便于识别的，可以作为商标注册。这意味着有些商标经过使用在具备“第二含义”后可以因为获得了显著性而被注册，即它们经过长期使用后取得了表示商品来源的效果并被消费者认可。但是，这些商标毕竟和那些臆造词汇的商标相比在显著性上仍然存在差距。当他人为说明自己的产品而在这些商标的“第一含义”上对此加以使用时，即不应受到商标权的制约。原因是：第一，他人在原有含义上的使用是对公共领域资源的使用，这一公共领域资源不应因注册商标获得了“第二含义”而被削减。除了在识别商品的意义上使用，公共资源本身应当永远留在公共领域。这也是保障社会公众自由地使用文字语言和自由地表达思想、进行思想交流所必须的。第二，他人使用该标记不会导致消费者对商品来源发生混淆。

(2) 说明性合理使用的典型体现：地名商标的合理使用

在说明性合理使用方面，地名商标受到了更多的限制。

这主要是因为，地名本身是一种十分重要的公共资源和信息，它在被作为商标时显著性程度比一般商标要差。这使地名商标权人在行使商标权时不应限制他人在非商标意义上使用，否则会损害公众使用地名的公共利益，造成商标权人和社会公众利益的不平衡。以下介绍我国的两个具有代表性的司法判例。

在重庆市白市驿板鸭厂诉重庆市渝中区某食品厂一案中，原告“白市驿”商标是以“白市驿”三个变形字组合成类似板鸭的鸭状图形，该商标核准注册后经续展一直延续至今，并在 1998 年被重庆市工商行政管理局认定为重庆市著名商标。被告公司自 1997 年 3 月成立后，在其板鸭产品包装上以醒目位置注明“正宗白市驿风味”，突出了“白市驿”三个字，但同时也注明了长江商标、厂名与厂址。原告控告被告侵犯其商标权。在该案中，法院认为，白市驿板鸭是有一定历史的地方特产，原告享有白市驿商标的专用权，但不能对白市驿风味享有独占权。被告在其产品的外包装上标明“白市驿风味”只是标明食品的风味特征。并且，被告标明了自己的商标、厂名与厂址，不会对消费者造成商标误认。因此，被告不构成对原告商标权的侵犯。

当然，在本案中，被告的使用行为也不是没有限制的，即被告不能对白市驿作商标意义上的使用，因而突出“白市驿”

字样的做法不可取。

在上述案件中,原告商标为地名商标。由于原告不适当地禁止他人对该商标的合理使用,损害了公共利益,商标局在案件审理过程中依法撤销了该注册商标。该案件给我们提供的启发是,如何既做到保护商标权人的商标权又防止商标权被滥用,需要对商标权的行使给予一定的限制,特别是对那些显著性本身不够强的商标来说,给予限制的强度应更大——应允许更大范围的合理使用。同时,商标权人的竞争性厂商或者社会公众对地名商标的使用又不能超过合理使用的范围。只有这样,才能做到平衡商标权人的利益和公共利益之间的关系。

4. 平行使用

就平行使用而言,它是指在自己的商品上不显著性地正当使用带有先前商标的商品。在现实生活中,将附载他人商标的商品进行组装的现象十分普遍。根据平行使用理论,将附载他人商标的商品作为自己商品的一部分时,只要不是突出使用该商标,以致使他人误认为是自己商品的商标,就属于商标的合理使用。这也是促进商品贸易特别是加工、配件贸易发展所需的。

在衡量是否构成上述任何一种形式的合理使用时，应受以下条件限制：

1. 使用目的具有正当性

这种使用是为了说明本商品的性质、质量、用途、主要原料、型号、数量等产品本身方面的特点，而不是作为商品商标或服务商标来使用，也不是与之密切相关的在商标识别商品的意义上使用。实践中，衡量的具体标准是看主观上有无用作商标使用的意图，以及客观上是否存在足以造成消费者误认的后果。

2. 使用行为出于善意、具有正当性

善意标准通常是看有无不正当竞争之目的，即看使用人是否存在与商标权人进行不正当的商业竞争目的。正当性标准则要求使用者限于为说明产品或服务而不可避免地使用商标中的词语，而不能在使用中突出他人注册商标，或者暗示与商标权人的产品存在某种关系，从而产生误导消费者的不良后果。实践中，有的生产经营者在进行“说明性使用”时，将他人的注册商标置于十分显著的位置，而将自己的注册商标则置于不显眼的地方，或者对他人的注册商标有意进行“艺术处理”，以引起他人的注意，这类行为即有“搭便车”之嫌，不属于商标的合理使用。换言之，善意、正当使用商标不能造成消费者对相关商品或服务产生混淆。

总的来说，商标的合理使用是基于诚实信用和善意地使用，是一种非基于商标性质的对商标的正当使用，也是一种对商品或服务进行描述、提示或者说明性质的使用，它既不能使消费者产生混淆的后果，也不能构成对商标的淡化。

确立商标在先使用权制度的意义集中体现在弥补申请在先原则和注册原则的不足。具体包括：

第一，保护公平竞争，平衡商标注册人和在先使用人的利益，避免给在先使用人带来不公平的后果。

第二，就制止抢注而言，商标在先使用权制度赋予在先使用人继续使用商标的权利，对在后的注册商标进行限制。同时，为商标在先使用人启动撤销注册不当程序赢得时间。

在先使用人获得继续使用商标的权利，需要具备以下条件：

1. 在他人注册商标的申请日之前，就已经有使用的事实

这是对商标使用人的使用时间的要求，如果不具备这一条件，就没有“在先使用”，也无法产生在先使用权，并以此作为侵害商标权的抗辩事由。需要注意的是，使用不仅限于现有使用人的使用，如果曾经发生过业务承继关系的，现有使用人作为承继人的使用当然可能性作为本条件中的使用。被承继人先前的使用应当视为现有使用人的使用。换言之，在先使用商标的使用时间以该商标首次商业使用的时间为准。

2. 在先使用的商标与注册商标相同或者近似，且使用商品或服务相同或者类似

在通常情形下，如果在先使用的商标与注册商标在商标图样上不构成相同或者近似，或者使用商品不属于相同或者类似商品，则使用人当然有权继续使用甚至申请注册该商标。如果在先使用的商标与注册商标构成使用在相同或类似商品上的近似商标，依照有关申请在先使用权和注册原则的一般规定，则未注册商标不得继续使用，否则会构成对注册商标权的侵害。但法律应当维护诚信，而不应当禁止或者制裁正当使用行为，因此有必要在上述原则下创设例外之规定，即商标在先使用权。

3. 在先使用人必须在其商品上连续使用该商标，所谓连续使用，就是指在先使用人在其商品上连续不中断地使用该商标

如果在先使用人在他人注册商标的申请日之前曾有使用事实，但无正当理由而中断使用的，不得继续使用该商标。理由在于：

第一，商标在先使用权作为注册原则的例外，是为了保护在先使用人的利益，如果在先使用人的使用已经中断，其就对该商标不再享有任何利益，自然无保护的必要。

第二，如果只是曾有使用事实，在先使用人在他人商标注册后仍可以重新使用，将会从根本上动摇商标注册制度，不利于保护商标注册人的利益。

第三，在使用中断后允许重新使用，不利于维护正常的公平竞争关系和维护消费者的利益。所谓正当理由，是指非因在先使用人主观上的原因中断使用。若有正当理由中断使用的，不视为缺乏连续使用这一条件，如在先使用商标因所使用商标的商品为季节性造成商标中止使用的。

4. 在先使用必须出于善意

“善意”通常是指非因自己的过失而且本人不知情。由于商标注册实行自愿原则而非强制原则，在提出商标注册申请之前，他人就可能已经实际使用商标。因此，在先使用人的善意，首先，是指该使用人将某标记作为商标使用时非因自己的过失而不知道他人已经在相同或者类似商品上实际使用与该标记相同或者近似的商标。其次，由于注册商标专用权以其核定使用的商品或者服务为限，当该注册商标构成驰名商标时，在先使用人将与该商标相同或者近似的商标使用在非类似商品或者服务上,并产生误导公众的后果,则该在先使用人的使用难谓"出于善意"。当注册商标的图样构成著作权法意义上的作品时,在先使用人将该图样作为商标使用于非类似商品或者服务上,除非在先使用人能够证明其对所使用的图样享有正当权利,否则也不能证明其使用出于善意。

如果具备上述条件,在先使用人可继续使用该商标,而不构成对注册商标权的侵害,但是该使用权的范围、使用方式等必须受到限制,唯此才能平衡在先使用人和商标注册人之间的利益,稳定公平竞争关系和保护消费者利益。现分述之:

1. 在先使用权的范围

在先使用权的范围包括两个方面:第一,就商标而言,在先使用人不得改变原商标图样使之更近似于注册商标。如果在先使用人改变原商标图样使之更加有别于注册商标,应当允许并鼓励此种改变。例如,在先使用人使用的商标为印刷体的"长城",注册商标由手写体"长城"两字和"长城图形"组合而成,如果在先使用人将其商标"长城"字体作接近于注册商标字体的改变,或者加上"长城图形",就属于不正当使用,应当予以禁止。

2. 在先使用权的行使方式

为了保护消费者利益，防止消费者发生商品或者服务来源的混淆，商标注册人有权要求在先使用人在使用其商标时，加上适当的标示以有别于注册商标。如果不能加上适当标示，在先使用人不得继续使用其商标。

3. 在先使用权的移转

商标在先使用权制度是对在先使用商标和注册商标既存状态的一种维护，如果允许在先使用权人授权或者单独转让其使用权则会破坏此种既存状态，也会改变先使用权人和商标注册人之间的竞争关系，不适当地影响注册商标专用权的行使。例如，在先使用权的许可可能会影响注册商标专用权的许可。因此，原则上在先使用人不得将其商标转让或者许可他人使用。

4. 关于商标在先使用权的地域限制

一般来说，在先商标使用人不得扩大商标的原有使用地域。但是，商标在先使用权作为侵害商标权的抗辩事由，其功能主要在于对抗商标注册人的侵权请求。因此，如果在先使用人在商标上加上适当标示，从而与注册商标形成区分，避免消费者的混淆，便不会损害商标注册人的利益，在这种情况下便不受原有使用地域的限制。

针对“原有范围”的规定，现在举一案例以便读者能够了解这一重要概念。

案例：原告认为被告在出口的节能灯及报关单上使用“TORCH”标识，侵犯了其对“TORCH”商标享有的专用权，请求法院判令被告停止侵权行为并赔偿其经济损失 150 万元。该案中，双方主要争议焦点为被告的商标在先使用抗辩是否成立，即涉案被诉侵权标识是否为已经使用并有一定影响力的商标。被告最早于 2006 年开始使用诉争商标，而原告于 2009 年才申请注册诉争商标，同时被告还提交证据用以证明其生产的“TORCH”品牌节能灯在诉争商标申请注册日前在同行业中已经具有一定的影响力。但从被告提交的证据中看出，被告在原告的商标注册成功后投资了另一家公司继续使用涉案商标，但两者应视为两个不同主体，从使用主体上看发生了扩大使用，由原来一家主体变成两家主体使用，最终法院认定其商标在先使用抗辩不能成立，从而被告被认定为构成商标侵权。

第十一章　商标的国际注册

商标作为企业最重要的无形资产之一，在国际经济活动中发挥着举足轻重的作用，企业必须具有主动注册涉外商标、“商标先行”的理念，这样才能在面对海外市场时得到有效的法律保护，避免商标被抢注、不以高昂代价取回商标权，或是被迫重新打造新品牌。

申请人到国外申请注册商标有两种途径，一种是逐一国家注册，即分别向各国商标主管机关申请注册；另一种是马德里商标国际注册，即根据《商标国际注册马德里协定》(以下简称“马德里协定”)或《商标国际注册马德里协定有关议定书》(以下简称“马德里议定书”)的规定，在马德里联盟成员国间所进行的商标注册。

我们通常所说的商标国际注册，一般指的就是马德里商标国际注册。

目前有 100 个国家加入了马德里联盟组织，如果海外商标注册申请国比较多，并且属于马德里联盟国，则建议通过该方式进行国际申请。

马德里商标国际注册的好处：

（1）手续相对简单；

（2）费用相对较低；

（3）需要的时间比较短。一般6个月左右即可取得世界知识产权组织（WIPO）国际局颁发的商标国际注册证明。当然，该商标国际注册证明只是表明国际局收到了国际注册申请。从国际注册日起，如果被指定国在规定的期限内（依照协定书为12个月，依照议定书为18个月）没有向国际局发出驳回通知，该商标将在该指定国自动得到保护。

简单讲一下通过马德里协定或议定和直接在境外各个国家申请商标的差别吧。从权利所属这个层面上讲，二者并没有实质性差别，二者的差别主要体现在以下程序：

（1）马德里商标可以一份申请书申请多个国家多个类别的商标，而普通的涉外商标要一个国家一个国家逐一申请；

（2）马德里商标可以直接通过商标局提交申请，而普通的涉外商标一般要委托当地事务所或律所提交，部分国家需要公证手续；

（3）一般直接在各国注册的商标都会有商标证书，而通过马德里协定或议定程序申请国际商标时指定的各国则不会发放商标证书，需要时可到当地商标主管部门开具商标注册证明；

(4) 直接在各国注册的商标不要求该商标在中国已经申请或注册，通过马德里协定或议定的需要在中国已申请；

(5) 直接在各国注册的商标相互独立，通过马德里注册的商标如果五年内原属国的商标被宣告无效或撤销，则马德里国际注册也将被撤销；

(6) 各国商标审查时间有长有短，马德里商标审查期为12个月或18个月，超过期限未驳回则视为核准注册；

(7) 相对于直接在各国申请商标，指定的国家越多，马德里商标越便宜。

(8) 马德里商标申请费用低，操作方便，提交至中国商标局即可，但出结果时间周期长(18个月左右)，后期如果有驳回或其他问题还是要委托当地律师进行答辩；

(9) 单一申请费用较高，大约是马德里商标申请的两到三倍，但取得结果的时间很短，快的一个月，慢的一年左右，与此同时如果被驳回，负责案件的当地律师会针对案子给出最专业的建议，同时当地律师也会适时提醒各个流程节点期限。

初创企业如果经费预算有限可以采用马德里商标申请方式，可控性较好，且更加直观。

由于笔者最近接触到有关欧盟和美国的商标注册咨询比

较多，现在将马德里商标注册和直接在欧盟以及美国分别进行注册进行比较：

（1）马德里商标注册需要申请基础，欧盟和美国注册不需要。

（2）在时间方面，顺利的情况下，通过马德里指定欧盟和美国注册比直接通过欧盟和美国申请商标注册完成所需的时间长。通过马德里的申请是经我国国家商标局提交至国际商标局，再由国际局递交给欧盟内部市场协调局或美国专利商标局，最后才分发给欧盟成员国或美国审查，所以总时间上有半年左右的差距。

（3）通过马德里商标注册成功后，国际商标局不会颁发相应的注册证书；而直接在欧盟及美国注册商标完成后将能收到注册证作为商标的权利凭证。

（4）在费用方面，通过马德里的费用要比直接在欧盟或美国申请的费用低。

随着跨境电商的发展，越来越多的企业选择单独欧盟和美国进行商标注册。如果希望在境外注册商标，笔者还是建议直接在当地国注册，不用选择马德里途径，毕竟注册费用并不算高。以笔者所在的事务所为例，对欧盟和美国的商标注册的收费标准为1万元左右，并承诺不成功退还全款，所以对于企业的负担并不算大。

申请国际注册的商标必须已经在我国启动一定的商标注册申请程序。申请人指定保护的国家是纯“马德里协定”成员国的，申请国际注册的商标必须是在我国已经获得注册；申请人指定保护的国家是纯“马德里议定书”成员国的，或是同属“马德里协定”和“马德里议定书”的成员国，申请国际注册的商标可以是已在我国提出注册申请的商标，也可以是已经注册的商标。

国际注册申请应与国家基础注册或基础申请内容一致；国际注册申请人的名义应与国内申请人或注册人的名义完全一致；申请人地址应与国内申请人或注册人的地址完全一致；商标应与国内注册的商标完全相同，包括颜色完全一致；所报的商品和服务应与国内注册的商品和服务相同或者不超过国内申请或注册的商品和服务范围。如果国内申请或注册的是在不同商品或服务类别的同一商标，在申请国际注册时，可提交一份国际注册申请，将国内所报不同类别的商品或服务按类别顺序填写在该国际注册申请书上。

符合一定条件的可声明要求优先权。申请人在申请国际注册时，如果与国内提出的商标注册申请相隔时间未超过 6

个月，那么申请人在提出国际注册申请时，可要求优先权，但应提供国内《受理通知书》复印件。

以下几种情况在多数国家被认为不具备显著特征：

（1）商标采用了本行业通用的商品名称或图形。如以“乳牛”作为奶粉商标图案，因乳牛为本行业通用的商品图形，商标不具备显著特征，不能获准注册。

（2）商标采用了地理名称。根据国际惯例，许多国家和地区禁止使用地理名称作为商标，因为地理名称不能区别不同的商品生产者和经营者。

（3）商标仅由表示商品质量、主要原料、功能或用途等特点的文字、图形组成。如“羊绒”毛绒、“金质”钢笔等，采用这类商标，将使商品与其他同类商品混同。

（4）商标由单纯阿拉伯数字组成。以阿拉伯数字作为商标，将使其不易识别，使用在某些商品上还会引起误认，比如用作鞋子的商标易与尺码混淆。大多数国家规定数字商标不准注册，如广州生产的“555”牌电池在巴基斯坦、肯尼亚等国申请注册未能得到核准。

对商标的显著特征的审查，各国掌握的尺度不尽相同。

法国商标法的规定较宽松，一切可用以识别产品、物品或服务的标记，如姓氏、别名、地名、标签、标徽、烙印、印花、戳记、插画边纹、图画、浮雕、字母、数字、铭文等都可以作为工业、商业或服务业的商标。

英国和美国实行商标注册两部制，在A部（主簿）注册的商标较B部（副簿）注册的商标要求严一些。

英国商标法规定，凡申请注册为A部的商标，至少具备下列条件之一：

(1) 公司、字号、名称或者个人姓名，以独特的形状表现的；

(2) 申请人自己的或者企业前人的签字式样；

(3) 一个或几个独创的文字；

(4) 一个或几个对商品特性或品质无直接联系的文字，但不得是地理名称或姓氏；

(5) 其他显著特征。

日本商标法同中国商标法对显著特征的规定大致相同，但要求商标必须使用所指定的一种或几种颜色。